如何发展
新时代"枫桥经验"

RU HE FA ZHAN XIN SHI DAI "FENG QIAO JING YAN"

任初轩 编

人民日报出版社

北京

图书在版编目（CIP）数据

如何发展新时代"枫桥经验"/任初轩编．— 北京：人民日报出版社，2024.2

ISBN 978-7-5115-8225-6

Ⅰ.①如… Ⅱ.①任… Ⅲ.①社会管理－研究－诸暨 Ⅳ.① D675.53

中国国家版本馆 CIP 数据核字（2024）第 039722 号

书　　名：**如何发展新时代"枫桥经验"**
　　　　　RUHE FAZHAN XINSHIDAI "FENGQIAO JINGYAN"

编　　者：任初轩

出 版 人：刘华新

策 划 人：欧阳辉

责任编辑：曹　腾　季　玮

版式设计：九章文化

出版发行：人民日报出版社

社　　址：北京金台西路 2 号

邮政编码：100733

发行热线：(010) 65369509　65369527　65369846　65369512

邮购热线：(010) 65369530　65363527

编辑热线：(010) 65369523

网　　址：www.peopledailypress.com

经　　销：新华书店

印　　刷：大厂回族自治县彩虹印刷有限公司

法律顾问：北京科宇律师事务所　010-83622312

开　　本：710mm×1000mm　1/16

字　　数：157 千字

印　　张：14.75

版次印次：2024 年 3 月第 1 版　2024 年 3 月第 1 次印刷

书　　号：ISBN 978-7-5115-8225-6

定　　价：48.00 元

目　录

以"基层之治"夯实"中国之治"

——坚持和发展新时代"枫桥经验"综述

张　洋　张　璁　亓玉昆

基层强则国家强，基层安则天下安。基层治理得好不好，关键在基层党组织、在广大党员干部。

党的十八大以来，习近平总书记多次作出重要指示，要求在社会基层坚持和发展新时代"枫桥经验"。

新时代"枫桥经验"更加强调党的领导、更加彰显法治思维、更加突出科技支撑、更加注重社会参与，展现出历久弥新的魅力，成为我国推进基层社会治理的一个"金字招牌"。

在坚持中焕发生机，在发展中发扬光大。党的十八大以来，坚持和发展新时代"枫桥经验"，我国共建共治共享的社会治理制度进一步健全，正确处理新形势下人民内部矛盾机制更加完善，广大基层党员干部及时把矛盾纠纷化解在基层、化解在萌芽状态，社会治理效能进一步提升，人民群众的获得感、幸福感、安全感不断增强。

今年是毛泽东同志批示学习推广"枫桥经验"60周年，是习近平总书记指示坚持和发展"枫桥经验"20周年。植根历史文化沃土，奋进新征程，把新时代"枫桥经验"坚持好、发展好，必将进一步推动我国基层社会治理体系和治理能力现代化，必将更加有力地确保人民安居乐业、社会安定有序、国家长治久安。

更加强调党的领导，把党的政治优势、组织优势、密切联系群众优势不断转化为基层治理效能

在"枫桥经验"的发源地——浙江省诸暨市枫桥镇，有位老党员，平时总爱带个小板凳，坐到邻里中间，唠唠家常，帮助许多人解开了心里的"疙瘩"。

他叫杨光照，枫桥派出所的退休民警，退休后仍一直致力于基层纠纷调解，他记录的"调解日记"就有100多本。用杨光照的话说，"调解，贵在用百姓的智慧，化解百姓的矛盾。大家齐努力，把一件件小事处理好，枫桥镇就更和美了。"

60年来，"枫桥经验"早已走出浙江、走向全国，在实践中不断丰富、持续发展。

江苏省南京市栖霞区仙林街道，这里曾经信访不断、矛盾频发。街道辖区既有高档小区，也有拆迁安置小区，既有知名高校，也有众多"五小行业"，主体多元、对象多样，给治理带来了不小挑战。

"提衣提领子，牵牛牵鼻子。"仙林街道大力推进党建引领基

层治理，深入实施"五个一工作法"——"一面旗"强化政治引领，"一张网"织密组织体系，"一线法"推动干部下沉，"一家亲"汇聚区域资源，"一条心"党群联动共治，用心用情用力把信访这个"送上门来的群众工作"办实办好，让群众舒心安心。

基础不牢，地动山摇。基层是党的执政之基、力量之源。2021年，中共中央、国务院印发《关于加强基层治理体系和治理能力现代化建设的意见》，对"完善党全面领导基层治理制度"作出专门部署。

近年来，各地各部门坚持和发展新时代"枫桥经验"，始终把加强基层党的建设、巩固党的执政基础作为贯穿社会治理和基层建设的一条红线。

有的地方以"网格化党建"的方式，不断把党组织的触角延伸到辖区各个角落，做到"事在网中办，难在网中解"；

有的地方以"区域化党建"的方式，推行机关企事业单位与乡镇（街道）、村（社区）党组织联建共建，夯实及时就地化解矛盾纠纷的能力；

有的地方积极探索党员干部下沉的常态长效机制，保持与辖区群众的密切联系，及时发现问题、解决问题；

有的地方将党组织嵌入现代物业，提升经营主体对社区公共事务的参与效能，以更加优质的物业服务提升小区居民的幸福指数……

大国之大，也有大国之重。千头万绪的事，说到底是千家万户的事。深入践行新时代"枫桥经验"，大力加强基层党组织建设，关键是把党的群众路线坚持好、贯彻好，用心用情用力解决好群众急难愁盼问题。

近年来，北京市创新开展"党建引领接诉即办"改革。市委书记每月召开市委专题会、区委（部门党组）书记月度工作点评会，区委书记每月召开街乡党委书记点评会，街乡党委书记直接调度村社党组织书记。广大党员干部下基层、跑工单、走流程、蹲点位，围着一线转、围着群众转、围着问题转。如今，只要群众拨打 12345 反映问题，立马就有人响应、受理，努力做到快接快办、办成办好。

党建引领，凝心聚力。如今，在田间地头，在街头巷尾，在商圈楼宇，党的政治领导力、思想引领力、群众组织力、社会号召力充分发挥，党的政治优势、组织优势、密切联系群众优势不断转化为基层治理效能。

更加彰显法治思维，形成办事依法、遇事找法、解决问题用法、化解矛盾靠法的浓厚氛围

进入新时代，社会治理面临新挑战。如何坚持和发展新时代"枫桥经验"，高质量化解各类矛盾纠纷？

法治是治国理政的基本方式。党的二十大报告提出："推进多层次多领域依法治理，提升社会治理法治化水平。"

2022 年，中共中央、国务院印发《信访工作条例》，将信访纳入法治化轨道，引导各地各部门坚持用法治思维认识问题、用法治方式解决问题。

如今，无论是土地征收、房屋拆迁，还是劳动关系调处、小区物业管理，或是生态环境保护、营商环境优化，广大党员干部坚持强化运用法治思维和以法治方式定分止争，断事评案，切实维护了群众合法权益，维护了社会和谐稳定。

在某地一起故意伤害刑事申诉案中，为帮助申诉人解开"心结"，修复社区邻里关系，检察机关邀请律师、调解员、街道工作人员代表等作为听证员，到申诉人所在社区举行公开听证，成功息诉息访。近年来，为减少信访人诉累，各地检察机关大力推广简易公开听证；同时，为让身体不便或居住偏远的信访人也能参与公开听证，检察机关还创新运用"上门听证"的新形式，把矛盾化解在信访群众"家门口"。

法治建设既要抓末端、治已病，更要抓前端、治未病。如今，不少地方探索创新，把非诉讼纠纷解决机制挺在前面，推动更多法治力量向引导和疏导端用力，加强矛盾纠纷源头预防、前端化解、关口把控。

上海市构建线上线下一体化的调解工作统一平台，在市、区两级全面设立非诉讼争议解决中心，上百家调解组织实体入驻，其他调解组织及公证、仲裁、行政裁决、行政复议等机构常态化入驻，联动化解矛盾；

广东省积极推进商事调解工作，全省有商事调解组织330家，在册商事调解员2232人，2022年以来调解商事纠纷2.5万件；

浙江法院大力推进"在线矛盾纠纷多元化解平台"建设，为群众提供在线咨询、调解、诉讼等一条龙服务，实现矛盾纠纷"漏斗式"分层过滤，累计调解纠纷 327.6 万件……

作为一项具有中国特色的法律制度，人民调解在矛盾纠纷多元化解机制中发挥着基础性作用。司法部统计数据显示，全国有人民调解委员会 69.3 万个，基本形成了覆盖城乡和重点领域、重点单位的组织网络。2022 年，全国人民调解组织调解各类矛盾纠纷 1494 万件。

吴静静，河南省温县祥云镇人民调解委员会主任，从事调解工作 11 年。她说："群众找到我，就是对我的信任。让群众的烦心事得到妥善解决是我一直以来追求的目标。"

2021 年，吴静静考取了法律职业资格证书。这几年，她利用专业所长，宣传法律知识、解答法律问题、代写法律文书，累计接待法律咨询 2800 余次。"掌握了法律知识，就增添了一种做群众工作的本领。说得在理、办得公正，老百姓就信服。"吴静静说。

运用法治思维，源头预防矛盾，重在培育深厚的法治文化。人人都信法，凡事都讲法，矛盾自然就少了。

一场别开生面的模拟庭审，在江西省抚州市法律明白人示范培训基地"开庭"，"庭审"主角是以村干部为主的"法律明白人"。在以案释法中，"法律明白人"逐步了解如何合理合法维护自身权益。抚州市崇仁县从 2015 年起，在全县探索培养一户一名"法律明白人"，乡风民风为之一新。

如今，实施乡村（社区）"法律明白人"培养工程已被纳入全国"八五"普法规划。截至今年 6 月，全国已培育"法律明白人"383 万余名，基本实现"法律明白人"在各行政村全覆盖。

他们就像播撒下的一粒粒"法治种子",办事依法、遇事找法、解决问题用法、化解矛盾靠法的法治理念在农村基层落地生根,自治、法治、德治相结合的基层治理体系更加健全。

更加突出科技支撑,完善网格化管理、精细化服务、信息化支撑的基层治理平台

社会治理为了人民,要善于把党的优良传统和新技术新手段结合起来,创新机制为民谋利、为民办事、为民解忧。

"小区有人和我抢车位,请速处理。"日前,家住山东省德州市德城区青龙潭小区的吴女士通过手机里的小程序,在线上报了一起矛盾纠纷。

原来,吴女士将车停在了小区公共车位,邻居张大哥却说该车位他已占用了。两人互不相让,发生争执。德城区网格治理大平台接到情况报告后,第一时间派单。网格调解员随即赴现场讲法、讲理、讲情。最终事情妥善解决,双方握手言和。

人力和科技相统一,是"枫桥经验"发展到今天最鲜明的特色之一。

近年来,很多地方和部门在坚持和发展新时代"枫桥经验"的过程中,充分利用大数据、云计算等技术,创新基层治理的方式、手段,着力构建完善网格化管理、精细化服务、信息化支撑的基层治理平台,让治理更智能、更高效。

河南省开封市构建多网融合的立体化社会治理监管体系,实现随时随地指挥、调度、核查,矛盾纠纷化解效率大大提升;

广东省广州市黄埔区人民法院研发"埔法善治 e 平台",通过在线调解,实现矛盾纠纷化解掌上办、随时办;

福建省厦门市集美区搭建"智慧集美"社会治理指挥中心线上平台,统筹各方资源,及时高效回应群众诉求……

社会治理的最好办法,就是将矛盾消解于未然。科技手段的应用,既提升了化解矛盾纠纷的效率,更增强了预警预测预防的能力,让城乡更安宁、群众更安心。

"刘书记,智能防控系统发出火灾预警,地点在曹家大院,请你马上去了解情况,我们随后赶到。"前不久,重庆市石柱土家族自治县公安局中益派出所官田警务室"平安乡村·智惠农家"智能防控系统发出预警信息,值班民警第一时间与辖区坪坝村党支部书记刘成勇联系。

经现场调查发现,辖区村民曹某家电线短路引燃柴堆。得益于智能防控系统及时预警,相关人员很快赶到,第一时间扑灭了火源,避免造成损失。

从预警、遏制一处隐患,到研判、部署一类问题,很多地方还利用大数据手段,分析辖区治安的总体情况、突出问题,有针对性地采取措施。

一个来自"警方"的电话,让四川省自贡市荣县新桥镇的李女士紧张起来:因担心涉及一起"非常严重"的经济案件,李女士按照对方的提示来到县城一家宾馆"协商解决"。就在她下载了对方提供的 App 准备转账时,荣县公安局旭阳派出所民警赶到宾馆,成功阻止了一起电信诈骗的发生。

哪类人群容易被骗，哪个区域警情较多……依托公安大数据应用建设，荣县公安局把防范电信诈骗融入基层治理，推进"天网"建设、"智慧小区"创建，对涉诈重点人员线索快速核查、精准研判，对受骗群众及时提醒劝阻。

如今，类似的智能平台、智能终端被广泛应用。通过对辖区实际情况、各项业务工作的数字化、信息化，构建一系列模型，设置一系列指标，加强各类风险隐患动态监测、研判分析，社会矛盾风险预警、指挥调度、闭环处置能力得到切实提升，努力实现从"矛盾不上交"到"矛盾少发生、不发生"的转变。

更加注重社会参与，健全共建共治共享的社会治理制度

如今走进枫桥镇，总能看到一群身穿红马甲的人，走街串巷，和群众嘘寒问暖，帮群众排忧解难。他们虽然年龄各异、职业不同，但有一个共同的名字——"红枫义警"。

"红枫义警"2017年组建以来，志愿者队伍不断壮大，遍布枫桥镇各个行政村，协助开展治安巡逻、法律宣传、纠纷调解等工作，被群众称为心系平安的枫桥"新警力"。

基层事务很多很繁杂，不能仅仅依靠政府部门，必须充分发挥社会各方面作用，激发全社会活力，群众的事同群众多商量，大家的事人人参与。

党的十八大以来，各地各部门坚持守正创新，更加注重社会参与，进一步健全共建共治共享的社会治理制度。

有的地方发挥党员表率作用，推动在职党员到网格党支部报

到，带头参与小区治理、开展志愿服务、实行承诺践诺等；

有的地方充分发挥网格员和保安员、义警、新乡贤、"五老人员"（老干部、老战士、老专家、老教师、老模范等离退休老同志）、平安志愿者等贴近群众、熟悉情况的优势，延伸工作触角，提升防范化解矛盾纠纷效果；

有的地方采取"积分制"奖励、选聘楼组长等措施，激发群众参与基层治理的热情，广泛发动群众开展基础设施管护、治安巡逻防范、矛盾纠纷化解、安全隐患排查、特殊人群关爱等志愿服务活动；

有的地方针对医疗、劳资、商贸等矛盾纠纷多发易发行业领域，发挥市场机制作用，引导市场主体和社会组织利用专业优势、参与化解工作……

如今，北京"朝阳群众"、天津"小巷管家"等一支支群防群治队伍不断发展壮大，人人有责、人人尽责、人人享有的社会治理共同体逐步建立起来。

社会参与，既要集众智、汇众力，更要听民声、顺民意。

"大家对环境整治工作有什么意见建议""产业发展方面，有什么难题"……夜幕降临，在安徽省怀宁县凉亭乡叶老屋中心村，干部群众同坐一条凳子，共话家长里短，共谋乡村振兴，开启了一场"乡村夜话"。

怀宁县积极推动"乡村夜话"常态化长效化，广大党员干部坚持到村民中间走走亲、唠唠嗑，收集村情民意，听取意见建议，让村民在乡村治理中"唱主角"。今年以来，"乡村夜话"已在当地 232 个村（社区）举办 1400 余场次。

人民群众是基层社会治理的"源头活水"。只有最大限度调动广大人民群众的积极性、主动性，才能形成基层社会治理的最大合力。

海南省海口市设立"小区议事堂"、重庆市推行乡村邻里纠纷"院落自治"、湖南省岳阳市开展"群英断是非"……各地在坚持和发展新时代"枫桥经验"过程中，推动民事民议、民事民办、民事民管，有效疏导了民意、凝聚了民心，促进了矛盾纠纷预防化解，形成人人参与、人人尽力、人人都有成就感的生动局面。

前进道路上，各地将全面学习贯彻习近平新时代中国特色社会主义思想，踔厉奋发，笃行不怠，不断续写新时代"枫桥经验"亮丽篇章，让人民群众的获得感、幸福感、安全感更加充实、更有保障、更可持续，为推进中国式现代化创造安定团结、和谐稳定的社会环境。

《人民日报》（2023 年 11 月 05 日第 1 版）

谱写基层善治新篇章

——坚持和发展新时代"枫桥经验"综述

熊　丰　刘　硕　白　阳　冯家顺

这是土生土长的中国智慧、东方经验——

60 年前，浙江枫桥干部群众创造了"依靠群众就地化解矛盾"的"枫桥经验"。此后，"枫桥经验"从一地走向全国，扎根广袤中华大地，在火热的社会实践中拔节生长、枝繁叶茂。

这是坚持不懈的探索实践、守正创新——

党的十八大以来，习近平总书记就坚持和发展新时代"枫桥经验"作出一系列重要指示，各地紧紧依靠群众探索创新，形成了行之有效的经验做法。

"枫桥经验"在新时代不断丰富发展，书写一个个基层治理的鲜活故事，铺就一座座沟通党心民心的连心桥，持续推进国家治理体系和治理能力现代化，为中国式现代化提供有力支撑。

固不变之本——党的领导与群众路线相结合，汇聚基层社会治理强大合力

臂挽会稽山、面朝枫溪水，蓝天白云下的浙江诸暨枫桥镇屋舍俨然、村落毗连，铺展成一幅悠然祥和、和谐宜居的动人画卷。

2023 年 9 月 20 日下午，习近平总书记来到这里，参观枫桥经验陈列馆。他指出，要坚持好、发展好新时代"枫桥经验"，坚持党的群众路线，正确处理人民内部矛盾，紧紧依靠人民群众，把问题解决在基层、化解在萌芽状态。

"枫桥经验"形成于社会主义建设时期，发展于改革开放和社会主义现代化建设新时期，创新于中国特色社会主义新时代。

写入党的十九届四中全会决定、中共中央关于党的百年奋斗重大成就和历史经验的决议、党的二十大报告……在全面建设社会主义现代化国家、以中国式现代化全面推进中华民族伟大复兴进程中，"枫桥经验"被赋予了新的时代使命。

不论社会如何变迁，坚持党的领导始终是"枫桥经验"的不变灵魂、根本保证。

"说是一场会议，但大家表演文艺节目，交流社区工作，其乐融融。"70 多岁的南京市栖霞区仙林街道居民顾兴兰说。在仙林街道，别开生面的党群大会已连续举办 13 年。街道党员干部和居民志愿者在党群大会上，以演出的形式汇报工作，承诺为民办实事。

党组织、党员站在治理的"舞台中央"，成为"中流砥柱"。

13 年前，探索党建引领的网格化治理模式，仙林街道将大到容纳万余人的高校和小区，小到个体经营的夫妻店都纳入网格中。街道干部扎根网格常态化走访、帮助居民解决问题，党组织的影响力、号召力随着网格延伸到街道每个角落。

不论时代如何发展，一切为了人民是"枫桥经验"的不变初心、核心内涵。

走千家、进万户，把"温暖、服务、帮扶"送到家……从 2019 年起，"枫桥式公安派出所"创建活动在全国公安机关火热开展。

目前，全国部省两级共命名"枫桥式公安派出所"1313 个。广大民警以"百万警进千万家"活动为抓手，建起一座座警民连心桥，争当群众贴心人，年均走访各类家庭 5200 余万户，接受群众求助 1200 余万起，化解矛盾纠纷约 600 万起。

扎根基层、耕耘基础，走近群众、服务民生，一个个家庭的"小和谐""小幸福"，联结成整个社会和国家的"大平安""大稳定"。

近年来，全国群众安全感指数逐年上升，2021 年达到 98.62%；全国建成各级综治中心 58.3 万余个，共有网格员 450 万名，基本实现了网格化服务管理全覆盖；全国信访总量明显下降，集体访总量已连续 11 年下降……"枫桥经验"成为党的群众路线在平安建设领域广泛而生动的实践。

树高千尺，其根必深；江河万里，其源必长。

不论过去、现在和将来，坚持和发展新时代"枫桥经验"，必须坚持党的领导和以人民为中心，提高党在基层治理中的政治领导力、思想引领力、群众组织力、社会号召力，把群众的合法权益维护好、合理诉求解决好、智慧力量凝聚好。

筑善治之基——自治法治德治相融，确保社会既充满生机活力又安定有序

因担心自家房屋安全受施工影响，湖南省岳阳市岳阳楼区东风湖社区的部分居民反对当地一项黑臭水体治理工程，导致工程难以推进。

面对复杂的形势，岳阳楼区决定采用"群英断是非"工作法，请来工程设计方、施工方，相关职能部门负责人和群众信得过的党员、群众代表等组成"群英"，与意见较大的居民代表共同对话，把矛盾问题摊到"桌面"上。经过一番说诉求、讲政策、摆道理，居民心中的疙瘩被解开，工程得以顺利推进。

国之兴衰系于制，民之安乐皆由治。

面对经济转轨、社会转型，作为一个有着14亿多人口的大国，要实现现代化，必须要走出一条适合国情的社会治理之路。

激活自治动能，鼓励基层创新，涵养基层治理多元互动的源头活水——

在江西南昌，"幸福圆桌会"把话筒交给广大居民，大家的事大家商量着办；在四川泸州，一大批"能人""热心人""五老乡贤"等活跃在乡村社区，为群众提供方便快捷的调解服务……人民群众真正成为了社会治理最广参与者、最大受益者、最终评判者。

坚持法治思维，推动观念更新，让依法化解矛盾纠纷成为新风尚——

我国的国情决定了大量社会矛盾、纠纷不能"一诉了之"，法治建设既要抓末端、治已病，更要抓前端、治未病。

2023年1月至9月，全国法院诉前调解纠纷1183.4万件，同比增长26.58%。其中，782.2万件成功调解在诉前，同比增长30.1%。

成绩的背后，是人民法院主动对接10.4万余村委会、居委会、人民调解委员会，建成"家门口"解纷服务网络；检察机关借助人民调解专业力量实质性化解矛盾纠纷，减少社会对抗；公安机关结合接处警、查办案、驻社区，了解社情民意，做到矛盾纠纷早发现、全干预、勤调处……

在全社会形成办事依法、遇事找法、解决问题用法、化解矛盾靠法的氛围，运用多种方式修复受损社会关系……法治思维贯穿其中，真正实现案结事了人和。

融入德治力量，弘扬正气新风，形成崇德向善见贤思齐的社会氛围——

广东省梅州市蕉岭县广福镇，客家围屋里建起了家风家训馆和道德讲堂，积极支持村民搜集整理家教家训家风并"张榜公示"，教诲子孙敦亲睦邻、戒斗息讼。

口口相传的家训，代代传承的家风，朗朗上口的谣谚，与法律知识巧妙融合，让居民时时自省自律，从源头上减少矛盾纠纷产生。

近年来，各地大力弘扬社会主义核心价值观，找准国法与良俗共通点，充分利用本地群众良善习惯、传统美德、民族风俗等，增进了群众对矛盾纠纷化解工作的文化认同，促进德法共治。

自治、法治、德治"三治融合"源于基层实践，是"枫桥经验"创新发展的重大成果，也是新时代构建基层社会善治新体系的根本方式。

行长久之效——不断丰富发展新时代"枫桥经验"推动基层社会治理现代化

从涓涓枫溪流淌至全国各地，"枫桥经验"之所以走过半个多世纪而历久弥新，久经检验依然生机勃勃，正因为它不因循守旧、故步自封，而是在实践中不断守正创新、与时俱进。

解答新的时代课题——

14.6万常住流动人口、7000多家企业、规上工业产值超千亿元……苏州市高新区枫桥街道，迅速发展的经济体量和人口规模，与基层治理能力、公共服务体系之间的矛盾十分突出。

2021年，苏州市区首个新市民公安志愿者队伍——"新枫景"志愿服务联盟通过民政部门备案，成为合法社会组织法人，活跃在护校安园、邻里守望、矛盾化解等社区工作一线，累计服务时长超过22万小时。

"党组织把握大方向的同时，给他们留出足够的发展空间。"苏州市公安局高新区分局副局长陈文祺说，"通过培育多元主体来完善公共服务和公共产品供给，增强社会组织活力和成长性，使之成为基层治理的有益补充和生力军。"

从社会治安领域拓展至各类安全风险预警、防控机制和能力建设；从传统行业拓展至寄递物流、平台经济等新业态；从立足国内拓展至服务对外开放，创新开展涉外纠纷人民调解……"枫桥经验"不断解答时代课题，成为中国式现代化的重要治理支撑。

回应新的人民需求——

走进浙江省诸暨市枫桥镇枫源村，村委会办公室"三上三下，民主公开"的标语格外醒目。

"一上一下"为收集议题，村两委会从群众中收集议题，并通过上门下访征求意见；"二上二下"为酝酿方案，通过召开民主恳谈会，对方案进行深入讨论完善；"三上三下"为审议决策，经村民代表会议表决通过后组织实施。

通过"三上三下"的环节，村民的意见得以充分表达并最终体现在决策中，不仅有效提升了决策的科学性，还从源头化解了矛盾。

中和民意以安四乡。进入新时代，人民群众参与基层社会治理的意愿不断增强。浙江"武林大妈""红枫义警"，北京"西城大妈""朝阳群众"……共同参与、群策群力，新时代"枫桥经验"调动人民群众自主自治的积极性，打造人人有责、人人尽责的社会治理共同体。

构建新的科技支撑——

物联感知、人工智能、云计算、大数据等新技术运用到了小区生活的各个方面……在江西，全省建成 12211 个智能安防小区，有效打通治安防控"最后 100 米"，基本实现零发案。

"智能安防小区不仅全天候守护千家万户平安，还能对独居老人、留守儿童等特殊群体进行智能研判，做好关心服务，实现'平安不出事'与'服务不缺位'的有机结合。"江西省委政法委有关负责人说。

从整合、融合迈入耦合，放眼全国，一个个智慧化应用竞相涌现，新时代"枫桥经验"以数字化、智能化赋能基层社会治理，迸发出巨大效能。

走过一甲子，"枫桥经验"由基层社会治理的范本，上升为党领导人民推进国家治理体系和治理能力现代化的一条基本经验。

走过一甲子，"枫桥经验"因植根人民而永葆生机，因不断发展而历久弥新，这一"传家宝"在新时代生机勃发、活力无限。

踏上新征程，坚持好、发展好新时代"枫桥经验"，完善正确处理新形势下人民内部矛盾机制，及时把问题解决在基层、化解在萌芽状态，推进更高水平的平安中国建设，就一定能不断书写经济快速发展和社会长期稳定"两大奇迹"新篇章。

《新华每日电讯》（2023 年 11 月 06 日第 1 版）

闪耀时代光芒的"金钥匙"

周咏南

会稽山脉西麓，枫桥镇——绍兴市诸暨市的千年古镇，最负盛名的莫过于起源于此地的"枫桥经验"。

20 世纪 60 年代初，枫桥干部群众创造了"发动和依靠群众，坚持矛盾不上交，就地解决"的"枫桥经验"。1963 年 11 月，毛泽东同志亲笔批示"要各地仿效，经过试点，推广去做"。

"小事不出村，大事不出镇，矛盾不上交"的"枫桥经验"，从此成为全国政法战线的一面旗帜，更是成为广大党员干部贯彻落实党的群众路线的好办法，成为中国式基层社会治理的重大经验。

作为习近平同志在浙江工作时的随行记者，我曾跟随他到枫桥调研，聆听他对"枫桥经验"的深刻诠释。这些话极大提升了我对"枫桥经验"的认识。

其后，习近平总书记不断为新时代"枫桥经验"赋予新使命，融入新的意义和内涵。

11月6日上午，习近平总书记在北京人民大会堂亲切会见全国"枫桥式工作法"入选单位代表时，勉励他们再接再厉，坚持和发展好新时代"枫桥经验"，为推进更高水平的平安中国建设作出新的更大贡献。

每每学习，我总是回想起习近平同志在枫桥的点点滴滴，那是高瞻远瞩的战略谋划，更是永葆初心的为民情怀。

胸怀大格局，让老典型与时俱进

秋日，枫溪江畔，再话枫桥！

2023年9月20日——在新时代"枫桥经验"发展史上注定是个重要的日子。

当天下午，在浙江绍兴考察的习近平总书记，来到枫桥经验陈列馆，重温"枫桥经验"诞生演进历程，了解新时代"枫桥经验"创新发展情况。

置身于熟悉的千年古镇，一切都记忆犹新，了然于心。习近平总书记回忆说："浙江根据党中央精神和这里的实际情况，赋予'枫桥经验'新的时代内涵，探索依靠人民群众正确处理新形势下人民内部矛盾的方法。"

今年，恰逢毛泽东同志批示学习推广"枫桥经验"60周年、习近平同志指示坚持和发展"枫桥经验"20周年，也是贯彻落实党的二十大提出的"在社会基层坚持和发展新时代'枫桥经验'"重大部署的开局之年。

在特殊的日子，习近平总书记再次来到枫桥，为坚持和发展新时代"枫桥经验"指明了方向、提供了遵循。算起来，这是习近平同志第三次来到枫桥。

伟大思想与优秀经验总是相得益彰，在碰撞中升华，历久弥新。

在浙江工作期间，习近平同志数十次提及创新和发展"枫桥经验"。到党中央工作后，习近平总书记始终高度重视"枫桥经验"的创新发展。

时针回拨到 2003 年，时任浙江省委书记的习近平同志曾两次来到枫桥调研。

当年 5 月 30 日，习近平同志着眼应对和解决经济快速发展和社会大转型带来的新情况、新问题，带着思考来到枫桥。同年 11 月 25 日上午，他再次来到枫桥派出所、枫桥镇综治中心等地，亲切地和现场民警、工作人员一一握手，并询问他们调解、综治等工作情况。这一次他语重心长地叮嘱大家要把枫桥经验继承好，创新好，发展好。

在纪念毛泽东同志批示"枫桥经验"40 周年暨创新"枫桥经验"大会上，习近平同志明确要求，充分珍惜"枫桥经验"，大力推广"枫桥经验"，不断创新"枫桥经验"。

格局与视野决定着工作推进的成效。在调研过程、大会现场，一次次聆听习近平同志的话，我深刻感受到，当时，习近平同志是把创新发展"枫桥经验"放在平安建设、法治建设的大格局中去研究谋划和推进的。

这是基于整个浙江发展的伟大判断，这是源于扎实调研的果断决定。20 年前，浙江正处于发展转型、体制转轨、社会变革的关键时期，深受"先天的不足""成长的烦恼""转型的阵痛"困扰。

经济增长"弓张弦满"，社会治安、公共安全等问题随之凸显，而群众预期越来越高。

有社会，肯定有矛盾，但如何不激化、不扩大？习近平同志来到浙江工作伊始，就开展密集的调研，寻求破解之道。

在调研中，习近平同志敏锐地意识到，这个在基层创新和发展了几十年的"枫桥经验"，正是正确处理改革、发展、稳定关系的一个好经验，既促进了改革，推进了发展，也确保了稳定。

在化解基层矛盾、构建和谐社会上，习近平同志不仅提出了明确要求，更是给出方法、指明方向。

建设"平安浙江"、建设"法治浙江"等一系列事关全局、着眼长远的决策部署接续出台，"枫桥经验"肩负起新的、更加重要的使命。

2004 年 1 月 29 日，习近平同志在省委理论学习中心组学习会上，首次明确提出"平安浙江"建设。同年 5 月，在习近平同志的倡导下，省委全会作出了建设"平安浙江"的决定，把创新发展"枫桥经验"作为平安建设的总抓手，成为深入实施"八八战略"的重要保证。

习近平同志赋予了"枫桥经验"新的时代内涵。在他亲自推动和谋划下，"枫桥经验"在推动浙江基层社会治理的实践中焕发出旺盛的生命力。

伟大的思想源自于实践创新和理论创新的良性互动。

习近平同志深谋远虑地认为，必须从更宽的视野、以更大的力度、在更深的层次上，推进社会主义法治建设，以法治引领和保障浙江改革发展。

2006 年 4 月 26 日，省委十一届十次全体（扩大）会议审议通过《中共浙江省委关于建设"法治浙江"的决定》，开启了法治中国建设在省域层面的实践探索。

法治建设，根在基层，重在全社会。法治社会，是维护社会和谐的治本之道。

从此，总结、推广和创新"枫桥经验"与谋划、推进社会主义"法治浙江"建设紧紧地结合起来。

"枫桥经验"的基因，深深嵌入"平安浙江""法治浙江"建设，在新的形势下不断解决新的问题。

始终干在实处、走在前列、勇立潮头的浙江，没有辜负这份嘱托和期待。

党的十八大以来，浙江深入贯彻落实习近平新时代中国特色社会主义思想，坚定不移沿着"八八战略"指引的路子走下去，抓住新时代"枫桥经验""群众唱主角、干部来引导、德法加智治、有事当地了"的实践特征，切实把"枫桥经验"核心精髓融入社会治理各方面全过程，探索形成了一大批根植基层实际的新典型、新做法。

"枫桥经验"在新时代伟大实践中丰富发展，更加强调党的领导、更加彰显法治思维，也越来越深入地融入"平安中国""法治中国"建设的进程中。

从"一地之计"到"一国之策"，"枫桥经验"的蓬勃生命力来自哪里？关键正是它适应新时代要求，来自实践，与时俱进，不断创新，焕发活力。

无论怎么变，服务群众的宗旨不能变

"天下顺治在民富，天下和静在民乐。"

平安，是千百年来，中国百姓孜孜以求的追求和期待。

正确处理人民内部矛盾，这里有中华优秀的传统文化——礼让、仁义，还有我们共产党人的马克思主义。

"枫桥经验"，蕴含着"以人为本"的中国传统智慧，彰显了中国共产党"以人民为中心"的发展思想。

9月20日下午，枫桥经验陈列馆。习近平总书记饶有兴致地一边走，一边重温"枫桥经验"的诞生、演进、发展……总书记深刻指出："这里面有我们党处理问题、化解矛盾的政策策略，就是要走群众路线，紧紧依靠人民群众，把问题解决在基层、化解在萌芽状态。"

陈列馆内，一块题为"群众心目中的新时代'枫桥经验'"的大展板，引起总书记的注意。

"人民满意是一条走不完的路""'枫桥经验'是一本读不完的书""平安创建肩并肩、难事共解手拉手、服务共享心连心"……字字句句都是对总书记"为民情怀"的最好回应。

记忆中，习近平同志曾一再向浙江的领导干部强调，要始终把握住"枫桥经验"的核心，就是努力减少矛盾，矛盾产生了以后要及时化解，无论"枫桥经验"的形式和具体内容随着时代怎么改变，这种服务群众的宗旨永远不能变。

习近平同志在浙江工作期间，无论是持续总结推广新时代"枫桥经验"，还是来到浦江县下访接访群众，率先垂范开创省级领导干部下访接访的先河，或是之后连续3年先后到临安、德清、衢江下访……自下而上与自上而下双向结合的基层治理新路径，一样走的是新时代群众路线，一样的目标都是为了就地化解矛盾纠纷、维护群众利益，增强人民群众的获得感、幸福感和满意度。

江山就是人民，人民就是江山。从浙江到中央，从"来访群众是考官，信访案件是考题，群众满意是答案"，到"时代是出卷人，我们是答卷人，人民是阅卷人"，是一脉相承的"人民主体"思想，是总书记始终未变的人民情怀。

记得2020年3月，习近平总书记在安吉县社会矛盾纠纷调处化解中心考察时，同样提到了"枫桥经验"：把党员、干部下访和群众上访结合起来，把群众矛盾纠纷调处化解工作规范起来，让老百姓遇到问题能有地方"找个说法"，切实把矛盾解决在萌芽状态、化解在基层。要未雨绸缪，继续推广"枫桥经验"，及时防范化解可能出现的各类矛盾风险……

熟悉的身影，亲切的叮嘱。在浙江干部群众心中，习近平总书记就是新时代"枫桥经验"的伟大推动者、引领者。

党的十八大以来，习近平总书记经常在不同的会议和场合提到"枫桥经验"这棵常青树，作出一系列重要论述，深化提升"枫桥经验"的内涵。一字一句，紧紧围绕着两个字：人民！

2013年10月，在纪念"枫桥经验"50周年大会前夕，习近平总书记作出重要指示——

"各级党委和政府要充分认识'枫桥经验'的重大意义，发扬优良作风，适应时代要求，创新群众工作方法，善于运用法治思维和法治方式解决涉及群众切身利益的矛盾和问题，把'枫桥经验'坚持好、发展好，把党的群众路线坚持好、贯彻好。"

2019年1月，在省部级主要领导干部坚持底线思维着力防范化解重大风险专题研讨班开班式上，习近平总书记强调，要推进社会治理现代化，坚持和发展"枫桥经验"，健全平安建设社会协同机制，从源头上提升维护社会稳定能力和水平。

2020年9月，在基层代表座谈会上，习近平总书记说，要加强和创新基层社会治理，坚持和完善新时代"枫桥经验"，加强城乡社区建设，强化网格化管理和服务，完善社会矛盾纠纷多元预防调处化解综合机制，切实把矛盾化解在基层，维护好社会稳定。

......

人民至上，永远是"枫桥经验"的根本立场、价值取向。习近平总书记如此重视"枫桥经验"，一切根源，正是在于他心中时时刻刻想着人民。

从浙江到全国，助推社会治理现代化

平安，根基在基层。

发端于基层，创新在基层。新时代"枫桥经验"核心精髓融入社会治理各方面全过程，是中国特色的基层治理经验。

这些年来，浙江各地循着法治轨道，坚持自治为基、德法相辅，迭代发展出"村民说事"、"民主恳谈"、"村务监督"、"乡贤参事"、"道德评判"、民主协商"四议"法等群众自我管理、自我服务、自我监督的自治载体，在基层创新实践全过程人民民主，把党的群众路线贯穿基层社会治理各领域全过程。

"一域治理"到"治国安邦"，"枫桥经验"深深扎根浙江大地，又开枝散叶，在中国大地的每个角落因地制宜，生长出更多好经验、好做法。

走在枫桥经验陈列馆二楼，一条长廊，展示的是新时代"枫桥经验"走向全国各地，创新发展的生动实践：

辽宁沈阳牡丹社区的"三零"工作法，福建明溪县"侨乡枫桥"解纷工作法，四川成都武侯区的小区物业矛盾"信托制"解纷工作法……

习近平总书记在各地考察时，频频提及和推介新时代"枫桥经验"。今年8月，习近平总书记听取新疆维吾尔自治区党委和政府、新疆生产建设兵团工作汇报时再次强调，坚持和发展新时代"枫桥经验"，把准群众诉求，及时解决基层群众的困难和矛盾。

中国式现代化离不开社会治理的现代化。坚持和发展新时代"枫桥经验"，是推进中国式社会治理现代化的制胜法宝。

从乡村"走"进了城市，从陆地"漂"到了海上，从线下"扩"到了网上，从社会治安领域拓展到经济、政治、文化、社会、生态等领域，新时代"枫桥经验"已成为"中国之治"的一张金名片。

翻开新中国成立以来第一个关于法治中国建设的专门规划——中共中央印发的《法治中国建设规划（2020—2025年）》，"积极引导人民群众依法维权和化解矛盾纠纷，坚持和发展新时代'枫桥经验'"，赫然列入其中。

新时代"枫桥经验"，写入《中共中央 国务院关于加强基层治理体系和治理能力现代化建设的意见》《关于支持浙江高质量发展建设共同富裕示范区的意见》等重要文件，写入《中国共产党农村基层组织工作条例》《为人民谋幸福：新中国人权事业发展70年》白皮书。

"坚持和发展新时代'枫桥经验'"，写入党的第三个历史决议和党的二十大报告。

……

实践是检验真理的唯一标准。贯穿于"法治浙江""平安浙江"建设始终的"枫桥经验"，在传承中发展、在发展中创新，成为由基层社会治理的地方样本上升为党领导人民推进国家治理体系和治理能力现代化的生动实践。

新时代"枫桥经验"，是马克思主义理论与中国基层治理实践相结合的璀璨结晶，是习近平法治思想在基层治理领域的生动运用和实践，是习近平新时代中国特色社会主义思想的重要组成部分。

积极回应群众新期待，广泛吸纳民间智慧，深入推进基层治理创新……我们看到，新时代"枫桥经验"在打造共建共治共享的社会治理新格局中行稳致远；我们看到，"中国之治"的显著优势和独特魅力。

擦亮"金名片"、发扬"传家宝"、用好"活教材"，相信在下一个甲子，不断发展创新的"枫桥经验"历经时光磨砺和实践检验，依然会在中国大地光芒四射。

《浙江日报》（2023 年 11 月 07 日第 1 版）

思想平台

让"枫桥经验"在新时代发扬光大

人民日报评论员

"小事不出村,大事不出镇,矛盾不上交。"

20 世纪 60 年代由浙江枫桥干部群众创造的"枫桥经验",历经全国各地坚持和发展,焕发出旺盛生机与活力,成为全国政法综治战线的一面旗帜。11 月 12 日,中央政法委和浙江省委在"枫桥经验"发源地联合召开纪念大会,正是要在新时代坚持发展"枫桥经验",加快推进基层社会治理现代化,努力建设更高水平的平安中国,不断增强人民群众获得感、幸福感、安全感。

55 年前,毛泽东同志批示学习推广"枫桥经验"。15 年前,时任浙江省委书记的习近平同志明确要求充分珍惜、大力推广、不断创新"枫桥经验"。5年前，习近平总书记作出重要指示，要求把"枫桥经验"坚持好、发展好。55年来特别是党的十八大以来，各地在继承的基础上创新，在积累的基础上深化，推动"枫桥经验"落地生根，从乡村"枫桥经验"衍生出城镇社区"枫桥经验"、海上"枫桥经验"、网上"枫桥经验"，从社会治安领域扩展到经济、政治、文化、社会、生态等领域。实践充分证明，"枫桥经验"是党领导人民创造的一整套行之有效的社会治理方案，是新时代政法综治战线必须坚持和发扬的"金字招牌"。"枫桥经验"之所以历久弥新、富有活力，就在于始终依靠党的领导这一最大优势，始终坚守人民至上这一不变初心，始终弘扬改革创新这一时代精神，始终激活基层基础这一深厚本源。

新时代坚持和发展"枫桥经验"，就要始终践行党的群众路线。群众路线是我们党的生命线和根本工作路线，无论时代如何变化，群众路线这个党的传家宝不能丢。"枫桥经验"依靠群众就地化解矛盾，实质就是贯彻落实党的群众路线。与时俱进地把"枫桥经验"坚持好、发展好，就要把党的领导作为根本保证，推动健全党委领导、政府负责、社会协同、公众参与、法治保障的基层社会治理体制，凝聚起基层社会治理的强大合力；把"以人民为中心"作为根本立场，努力满足人民群众美好生活新需要，让城乡群众成为基层社会治理的最大受益者、最广参与者、最终评判者。

新时代坚持和发展"枫桥经验",就要创新群众工作方法。"枫桥经验"的生命力就在于创新,各地区各有关部门根据形势变化不断赋予其新的内涵,创新了党建引领的方式方法,探索了群众路线的实践路径。进入新时代,我国社会主要矛盾发生历史性变化,人民群众在社会治理、平安建设等方面呈现新需求。与时俱进地把"枫桥经验"坚持好、发展好,就要以改革创新为动力,把自治、法治、德治作为根本方式,努力构建基层社会善治新体系;把预测预警预防作为根本任务,努力打造矛盾风险防控新模式;把基层基础建设作为根本支撑,努力激发基层社会治理新动能。

发展是硬道理,稳定也是硬道理,抓发展、抓稳定两手都要硬。坚定不移走中国特色社会主义社会治理之路,把党的群众路线坚持好、贯彻好,让"枫桥经验"在新时代发扬光大,提高社会治理社会化、法治化、智能化、专业化水平,加快形成共建共治共享的社会治理格局,我们就一定能确保人民安居乐业、社会安定有序、国家长治久安。

《人民日报》(2018年11月13日第1版)

坚持和完善新时代"枫桥经验"

岳　亮

2020 年 4 月，习近平总书记在陕西考察时强调，要加强和创新社会治理，坚持和完善新时代"枫桥经验"。近年来，陕西咸阳认真贯彻习近平总书记重要讲话精神和党中央决策部署，把非诉讼纠纷解决机制挺在前面，把坚持和发展新时代"枫桥经验"作为促进市域社会治理现代化的第一抓手，探索出一条"政治、自治、法治、德治、智治"融合共治之路。

把加强基层党组织建设作为社会治理的重要法宝。我们积极强化党建引领，推动党组织的政治优势、组织优势、群众优势更好地转化为治理优势和治理效能。推行"党建＋经济组织""党建＋文化组织""党建＋扶贫组织""党建＋便民服务"

和党建联盟等模式，创设"党性体检中心＋谈话室"，鼓励基层党组织与法律工作者同步参与调解，实现党建全面引领、治理全面提升。不断增强基层党组织的政治功能，使党组织在社会治理中居于一线，就能把教育、管理、服务的触角及时有效延伸到城乡基层的各个角落。

把践行以人民为中心的发展思想作为社会治理重要抓手。从群众需求入手，对城乡流动、不同年龄、需求多样的群众因人施策，促进群众自我管理、自我服务、自我教育、自我监督。比如，找准法治宣传兴趣点，重点把法律知识、法治故事、典型案例与秦腔表演、书法笔会、文艺演出等结合起来，依托音乐、摄影、阅读、登山等兴趣社团深化法治宣传，营造浓厚自治氛围。坚持人民至上，坚定不移走好党的群众路线，切实在提高群众参与性中优化社会治理。

把法治建设作为社会治理的重中之重。注重多元调解，加强专业性调解组织建设，针对矛盾纠纷开展对口化解，完善调解、仲裁、行政裁决、行政复议等衔接机制。比如，鼓励引导司法调解员、法律工作者、公检法司退休干部、网格员等嵌入链条、一线接诉，目前全市有1500多名网格员、2700多名志愿者、3000多名"法律明白人"、5000多名调解员活跃在社区村组。充分发挥法治的规范作用，让群众明白法律保护什么、惩戒什么，推动全社会形成自觉守法、遇事找法、解决问题用法、化解矛盾靠法的良好氛围。

把德治作为社会治理固本培元的长久工程。大力培育和践行社会主义核心价值观，应注重加强社会公德、职业道德、家庭美德、个人品德建设。为此，我们突出习惯养成，广泛开展"道德法庭""道德评议"，深入组织乡村好媳妇好婆婆、身边好人等评选活动，努力让道德成为自我的约束、内心的法律。引导群众向往和追求讲道德、尊道德、守道德的生活，形成向上向善的力量。

把科技支撑作为加强和创新社会治理的重要因素。面对互联网、大数据、云计算深刻改变群众生产生活方式的实际，我们坚持矛盾早感知、预防化解走在先，结合数字咸阳建设，按照"大数据+市域社会治理现代化"思路，着力为社会治理插上信息化翅膀。积极研发推广市域社会治理现代化App，搭建"咸阳法治e平台"，将在线纠纷解决系统与办案系统跨界融合。将现代信息技术充分融入社会治理过程，坚持"数据多跑路，群众少跑腿"，就能用科技撑起社会治理的新天地。

治理之要，重在基层。习近平总书记指出，推进国家治理体系和治理能力现代化，社区治理只能加强、不能削弱。人民群众对美好生活的向往，呼唤基层社会治理创新，不断实现社会治理体系和治理能力现代化。充分运用法治思维和法治方式

思想平台·

解决涉及群众切身利益的矛盾和问题,把"枫桥经验"坚持好、完善好,把党的群众路线坚持好、贯彻好,就一定能不断提升人民群众的获得感、幸福感、安全感。

《人民日报》(2020 年 08 月 04 日第 5 版)

"枫桥经验"助力法治社会建设

袁中华

中共中央印发《法治社会建设实施纲要（2020—2025 年）》，强调推进社会治理法治化，其中一项重要内容就是依法有效化解社会矛盾纠纷。落实这一重要要求，需要坚持和发展新时代"枫桥经验"，完善社会矛盾纠纷多元预防调处化解综合机制，努力将矛盾纠纷化解在基层。

化解矛盾纠纷是社会治理的重要内容。公正高效化解矛盾、定分止争，是推进国家治理体系和治理能力现代化的重要内容，也是法治社会建设的题中应有之义。习近平总书记强调，要加强和创新社会治理，坚持和完善新时代"枫桥经验"。近年来，从各地践行新时代"枫桥经验"的情况来看，完善各项体制机制化解社会矛盾纠纷，培育全社会办事依法、遇事找法、解决问题用法、化解矛盾靠法的法治环境，是推进社会治理法治化的重要途径。例如，多地完善公共法律服务体系，在基层信访接待大厅、公共法律服务中心、综治中心等场所设立矛盾纠纷化解处理中心，配备专职调解员，接待来访群众，实现信访引导分流、调解对接移交、法律援助后续补充的有效衔接，有效实现了矛盾纠纷的就地化解。

"枫桥经验"是党的群众路线在基层社会治理中的生动实践，坚持和发展新时代"枫桥经验"，首先应当加强和完善党的领导。习近平总书记强调，"要把加强基层党的建设、巩固党的执政基础作为贯穿社会治理和基层建设的一条红线"。各地应当把党的基层组织作为创新社会治理的"主心骨"，强化党组织的政治引领、组织引领、能力引领、机制引领，有效整合基层力量资源，依法有效化解社会矛盾纠纷。要调动各方积极性，建立起法治化、规范化、常态化的多元纠纷解决机制。对于包括调解、仲裁、公证等在内的各种形态的纠纷解决机制，要加强统一部署和安排；对于各类调解组织，要建立配套的保障机制和激励机制；对于矛盾纠纷多发领域，要建立"一站式"纠纷解决机制。

以"枫桥经验"助力法治社会建设，还要在精细化、专业化上下功夫。随着社会分工越来越细，社会治理必然朝着精细化、专业化方向迈进，需要培育高素质、专业化的人才队伍。比如，在医疗纠纷、道路交通、劳动争议、知识产权等领域建设专业性调解组织，引导那些经验丰富、专业功底扎实的专业人员进入调解员队伍。在家事领域，建立专业的家事调查员制度，协助法官就未成年人心理状况等问题进行专业评估。在制度领域，则需要深入推进诉讼与信访分离制度，推动各类调解与司法确认制度更好地对接，积极贯彻落实案件"繁简分流"改革，建立健全调解员的选任、培训、考核等制度。

当前，社会治理正朝着智慧化方向发展。运用互联网技术的"智慧治理"，可以降低信息成本与治理成本。例如，一些互联网平台运用大众评审方式，解决了大量的网络买卖合同纠纷、网络保险理赔纠纷。这种低成本机制在化解基层矛盾纠纷的同时，又不影响当事人诉诸司法的权利。各地在线调解平台的搭建，甚至能让部分纠纷的解决不用迈出家门。相信互联网和人工智能的进一步发展，将会为坚持和发展新时代"枫桥经验"提供更加丰富的可能性，促进社会充满活力又和谐有序。

《人民日报》（2020 年 12 月 24 日第 5 版）

把矛盾纠纷化解在基层

坚持好、发展好新时代"枫桥经验"

仲　音

"要坚持好、发展好新时代'枫桥经验'",近日，习近平总书记在浙江考察时来到"枫桥经验"发源地诸暨市枫桥镇，参观枫桥经验陈列馆，了解新时代"枫桥经验"的生动实践，指出，"坚持党的群众路线，正确处理人民内部矛盾，紧紧依靠人民群众，把问题解决在基层、化解在萌芽状态"。

在坚持中焕发生机，在发展中发扬光大，20 世纪 60 年代由浙江枫桥干部群众创造的"依靠群众就地化解矛盾"的"枫桥经验"，成为全国政法综治战线的一面旗帜。今年是毛泽东同志批示学习推广"枫桥经验"60 周年，是习近平总书记指示坚持和发展"枫桥经验"20周年。党的十八大以来，习近平总书记多次作出重要指示，强调"各级党委和政府要充分认识'枫桥经验'的重大意义，发扬优良作风，适应时代要求，创新群众工作方法，善于运用法治思维和法治方式解决涉及群众切身利益的矛盾和问题"，为"枫桥经验"赋予了新的时代内涵，使其在服务群众、化解矛盾等工作中发挥出更大效能。从完善信访制度，到健全社会矛盾纠纷多元预防调处化解综合机制；从辽宁沈阳牡丹社区的"三零"工作法，到福建明溪县"侨乡枫桥"解纷工作法……"枫桥经验"在新时代伟大实践中丰富发展，更加强调党的领导、更加彰显法治思维、更加突出科技支撑、更加注重社会参与，展现出历久弥新的魅力。

坚持和贯彻党的群众路线，在党的领导下充分发动群众、组织群众、依靠群众解决群众自己的事情，新时代"枫桥经验"最突出的特点，就是牢牢抓住基层基础，最大限度把矛盾风险防范化解在基层。"枫桥经验"之所以永葆生机与活力，就在于坚持党的领导这一根本原则，坚守以人民为中心这一根本立场，坚持综合施策这一根本途径，树立关口前移这一根本理念，夯实基层基础这一根本支撑。"枫桥经验"发展到今天，最重要的成果和最鲜明的特色就是实现自律和他律、刚性和柔性、治身和治心、人力和科技相统一。

治国安邦，重在基层。党的二十大对完善社会治理体系作

思想平台

出部署，明确提出"在社会基层坚持和发展新时代'枫桥经验'"。中国式现代化是一项伟大而艰巨的事业，必须动员全体人民在党的旗帜下团结成"一块坚硬的钢铁"，心往一处想、劲往一处使，汇聚同心共圆中国梦的磅礴伟力。要深刻认识到，社会稳定是国家强盛的前提。坚持好、发展好新时代"枫桥经验"，完善正确处理新形势下人民内部矛盾机制，及时把问题解决在基层、化解在萌芽状态，确保人民安居乐业、社会安定有序、国家长治久安，才能不断书写经济快速发展和社会长期稳定两大奇迹新篇章，为推进中国式现代化创造安定团结、和谐稳定的社会环境。

坚持好、发展好新时代"枫桥经验"，必须贯彻落实党的群众路线，自觉把以人民为中心的发展思想贯穿到各项工作之中，把准群众诉求，及时解决基层群众的困难和矛盾。要正确处理人民内部矛盾，加强和改进人民信访工作，畅通和规范群众诉求表达、利益协调、权益保障通道，完善网格化管理、精细化服务、信息化支撑的基层治理平台，健全城乡社区治理体系，不断提高从源头上、根本上预防化解人民内部矛盾的能力水平。要紧紧依靠人民群众，充分发挥基层党组织战斗堡垒作用和党建引领作用，发展壮大群防群治力量，推动社会治理重心向基层下移，建设共建共治共享的社会治理制度，建设人人有责、人人尽责、人人享有的社会治理共同体。

思想平台·

中国式现代化是亿万人民自己的事业，人民是中国式现代化的主体，永远是最坚实的依托、最强大的底气。前进道路上，更加紧密地团结在以习近平同志为核心的党中央周围，全面贯彻习近平新时代中国特色社会主义思想，把新时代"枫桥经验"坚持好、发展好，把党的群众路线坚持好、贯彻好，不断提高新形势下群众工作能力和水平，使社会治理成效更多、更公平地惠及全体人民，我们一定能不断把人民对美好生活的向往变为现实，在推进中国式现代化的进程中紧紧依靠人民创造新的历史伟业。

《人民日报》(2023 年 09 月 27 日第 1 版)

以新时代"枫桥经验"赋能基层社会治理

刘文郡

加强和创新基层社会治理，需要不断完善共建共治共享的社会治理体系，建设人人有责、人人尽责、人人享有的社会治理共同体。习近平总书记在浙江考察时来到"枫桥经验"发源地诸暨市枫桥镇调研，强调"要坚持好、发展好新时代'枫桥经验'"。

更加强调党的领导、更加彰显法治思维、更加突出科技支撑、更加注重社会参与，新时代"枫桥经验"展现出历久弥新的魅力。从完善信访制度，到健全社会矛盾纠纷多元预防调处化解综合机制；从辽宁省沈阳市牡丹社区的"三零"工作法，到福建省明溪县"侨乡枫桥"解纷工作法……这些都是"枫桥经验"

在新时代伟大实践中丰富发展的生动例证。当前,我国社会治理面临着许多新情况、新挑战,应围绕重点工作,持续总结推广各地好的经验做法,并将其上升为制度机制。

平台载体是解决人往哪里去、力往哪里聚、劲往哪里使等问题的重要渠道。无论是实现矛盾纠纷就地就近化解,还是推动自治、法治、德治"三治融合",都需要为群众参与社会治理搭建好平台载体。比如,在北京市,北京卫视民生节目《向前一步》,围绕城市发展中的热点难点问题,搭建由属地政府、当事人、城市规划和法律专家等组成的多维沟通平台;在江苏省徐州市,当地税务局推出"有事好商量"协商议事机制,建立多方共同参与的基层协商议事会议平台。抓住完善网格化管理、精细化服务、信息化支撑的着力点,在系统化、专业化、成果化上狠下功夫,打造一批富有凝聚力和影响力的基层社会治理平台,才能更好帮助群众解决现实难题。

继续加强社会治理,必须面向市域、乡村新领域。要围绕全周期动态治理、全方位依法治理、全要素智慧治理,加快建设人民城市,聚力打造"人民建""为人民"的"人民之城"。北京市朝阳区推进公园城市建设、湖南省长沙市打造新型智慧城市示范城市、广东省深圳市建设儿童友好型城市等,都是有益的探索实践。可借助创建全国市域社会治理现代化试点合格城市等具体举措,接续推动市域社会治理现代化工作走深走实。

此外，还要把新时代"枫桥经验"作为提升乡村治理效能的有力抓手，用新时代"枫桥经验"助力乡村塑形铸魂，推动乡村全面振兴。

基层强则国家强，基层安则天下安。坚持好、发展好新时代"枫桥经验"，完善正确处理新形势下人民内部矛盾机制，及时把问题解决在基层、化解在萌芽状态，确保人民安居乐业、社会安定有序、国家长治久安，我们就能不断书写经济快速发展和社会长期稳定两大奇迹新篇章，为推进中国式现代化创造安定团结、和谐稳定的社会环境。

《人民日报》（2023 年 11 月 06 日第 5 版）

掌握"紧紧依靠群众"的方法

沈若冲

担心自家房屋安全受施工影响，湖南省岳阳市岳阳楼区东风湖社区的部分居民反对当地一项环境治理工程。怎么化解群众心中疙瘩？当地利用"群英断是非"诉源治理的创新工作方法，请来能在纠纷双方角度说上话、公道正派的群众，同时邀请工程设计方、施工方，相关职能部门负责人等，与居民代表面对面交流。听诉求、讲政策、摆道理，问题迎刃而解。

放眼全国，辽宁省沈阳市牡丹社区的"三零"工作法，福建省明溪县"侨乡枫桥"解纷工作法，四川省成都市武侯区的小区物业矛盾"信托制"解纷工作法……一个个从"枫桥经验"衍生而来的基层社会治理工作方法不断涌现，新时代"枫桥经验"已经从乡村拓展到社区、网络等地域空间，从社会治安扩展到经济、政治、文化、社会、生态等多个领域。由此让人不禁思考：一个 60 年前创造的地方经验，为何展现出持续旺盛的生命力，成为我国推进基层社会治理的"金字招牌"？新的时代条件下，坚持和发展"枫桥经验"对推进各领域工作有什么启示？

2023 年 9 月，浙江省诸暨市枫桥镇枫桥经验陈列馆。重温"枫桥经验"诞生、演进、发展的历程，习近平总书记深刻指出："这里面有我们党处理问题、化解矛盾的政策策略，就是要走群众路线，紧紧依靠人民群众，把问题解决在基层、化解在萌芽状态。"回望历史，从"依靠群众就地化解矛盾"，到"小事不出村、大事不出镇、矛盾不上交"，再到"矛盾不上交、平安不出事、服务不缺位"……时代在变、形势在变、社会矛盾的内容也在变，但依靠人民群众正确处理人民内部矛盾的方法始终没有变；在新时代伟大实践中丰富发展，"枫桥经验"在服务群众、化解矛盾等工作中发挥出更大效能、展现出历久弥新的魅力。

唯物辩证法认为，矛盾是普遍存在的。如何正确处理矛盾、化解矛盾，避免激化矛盾、升级矛盾，检验治理的水平，考验为政者的初心、恒心和耐心。停车难问题该怎么解决？房产证办不下来怎么办？楼上装修扰民有没有人管？……群众利益无小事，通过"接诉即办"让解决问题的速度更快一点，北京以"街乡吹哨、部门报到"的合力让群众的获得感更多一些，由此撬动的是思想观念和工作方法的深刻变革。面对纷繁复杂的利益格局、多元多样的群众诉求，只有把党的群众路线坚持好、贯彻好，坚持"从群众中来，到群众中去"，才能精准把握群众诉求，更好回应群众期待。

进一步来看，"枫桥经验"一路走来，为了人民、依靠人民是永恒的生命线，也是其创新发展的基本点。在浙江诸暨，枫桥派出所的退休民警杨光照带头成立"老杨调解中心"，专职调解员、驻所律师、调解志愿者等都来参与；在苏州高新区，新市民公安志愿者队伍"新枫景"，活跃在护校安园、邻里守望、矛盾化解等社区工作一线……共同参与、群策群力，依靠群众解决群众身边的矛盾问题，不仅调动了积极性主动性，也提高了解决矛盾纠纷的实效。我们想问题、办事情，都要始终站稳人民立场，尊重人民的首创精神，善于从人民群众中汲取智慧和力量。

"不怕群众嗓门大，就怕群众不说话。"一位基层干部说得好，通过践行"枫桥经验"，党员和群众的距离更近了、感情更深了，心也贴得更紧了。把新时代"枫桥经验"坚持好、发展好，掌握和运用"紧紧依靠群众"的思想方法和工作方法，定能在强国建设、民族复兴新征程上交出优异的"赶考"答卷。

《人民日报》（2023 年 12 月 25 日第 4 版）

下好化解矛盾"先手棋"

于　石

只有 158 个车位，要停 1023 辆车，怎么办？天津市河西区越秀路街道港云里社区抓前端、溯源头，发放调查问卷摸需求，组织 21 场协商议事会寻办法。除了移栽树木、便道改坡腾空间，社区还运用"三级吹哨报到"机制，由交管部门在小区外道路设置限时停车泊位，协调周边停车场提供错峰停车服务，对接周边单位开展"潮汐式停车"，共为居民拓展停车位 1187 个。停车难问题解决了，矛盾化解了，居民心气更顺了。

"问题是时代的声音"。左邻右舍、家长里短，生活中有矛盾不可怕，怕的是谁都绕着走、躲着过，任其从小到大、从易解到难解。"明者防祸于未萌，智者图患于将来。"北京延庆区珍珠泉村每周一下午"法律门诊"准时开门，鼓励村民向律师咨询自己遇到的法律难题，做到及时发现问题并推动解决问题；上海依托派出所、司法所、律师事务所"三所联动"，坚持预防走在排查前，排查走在调解前，及时防止"小矛盾"演变为"大问题"；浙江杭州市滨江区推出"一码解纠纷"平台，社区居民用手机扫描二维码，矛盾纠纷就可以智能分流到职能部门进行处理，还可以随时查看办理进度……坚持好、发展好新时代"枫桥经验"的一个重要方面，就是树立关口前移的根本理念，把着眼点放到前置防线、前瞻治理、前端控制、前期处置上来，最大限度把矛盾纠纷化解在基层、化解在萌芽状态。

"消未起之患、治未病之疾，医之于无事之前。"任何矛盾纠纷都有一个发生发展的过程，第一时间发现、第一时间化解，不仅成本最低，而且效果最好。今年1月至9月，全国法院诉前调解纠纷1183.4万件，同比增长26.58%。其中，782.2万件成功调解在诉前，同比增长30.1%，大量矛盾纠纷被人民调解这道"防线"化解在成讼之前。法治建设既要抓末端、治已病，更要抓前端、治未病。我国拥有14亿多人口，素有"以和为贵"的文化传统，国情决定了我们不能成为"诉讼大国"。关口前移、重心下移，变"坐等纠纷上门"为"主动排查化解"，畅通和规范群众诉求表达、利益协调、权益保障通道，充分发挥人民调解这一中国特色的法律制度优势，定能做到矛盾纠纷早预防、早发现、早控制、早解决，促进社会和谐稳定。

习近平总书记强调："要加强和创新基层社会治理，使每个社会细胞都健康活跃，将矛盾纠纷化解在基层，将和谐稳定创建在基层。"关口前移不是回避矛盾、掩盖问题，而是抓早抓小，用心用情主动解决问题。作为"枫桥经验"发源地之一的浙江诸暨市枫桥镇枫源村，连续18年实现"群众零上访"。当地干部解释说："'零上访'不是说村里没有事儿，而是不等到村民上访，村干部就先上门，把该解决的问题尽快解决好。"对广大党员干部而言，坚持好、发展好新时代"枫桥经验"，树立关口前移的根本理念，归根结底要提高从源头上、根本上预防化解矛盾纠纷的能力水平。只有增强敏锐性、洞察力、预见力，见微知著、防微杜渐，不断提高矛盾纠纷排查的针对性、有效性，下大气力解决好人民群众切身利益问题，广泛引导和发动社会各方面力量参与矛盾纠纷化解，才能使矛盾风险不累积、不扩散、不升级，促进矛盾纠纷有效分流、及时调处。

"隆兴桥上走一走，什么烦恼都没有。"安徽宣城市旌德县孙村镇玉屏村把"十全十美百姓说事点"建在百年古桥隆兴桥上，每月逢"十"开说，通过乡亲们"说事、议事、调事、解事"，努力化烦心事、闹心事、操心事于无形。民生小事，一头连着社会的"安全指数"，一头连着千家万户的"幸福指数"。把好"源头关""监测关""责任关"，推动更多法治力量向引导和疏导端用力，完善社会矛盾纠纷多元预防调处化解综合机制，新时代"枫桥经验"的光芒必将更加璀璨，美好生活的底座必将更加坚实。

《人民日报》（2023 年 12 月 26 日第 4 版）

夯实中国之治的"大厦根基"

孟繁哲

一个28万人口的街道，辖区内经营主体多元、服务对象多样，服务和治理如何精准到位？快速城镇化积累的问题、矛盾如何解决？江苏省南京市栖霞区仙林街道坚持以党建引领基层治理，从建立网格、划清责任田寻求破题，"人到格中去，事在网中办，难在网中解，情在网中结"，连续14年做到矛盾纠纷"不上行、不外溢"。

基础不牢，地动山摇。基层是党的执政之基、力量之源。只有把基层党组织建设强、把基层政权巩固好，中国特色社会主义伟大事业的根基才能稳固。从辽宁抚顺雷锋社区设立"雷锋·红"党员代办站，解锁社区治理"新密码"；到天津港云里社区创设"三聚焦"工作法，将大量矛盾纠纷化解在社区；再到山西山阴县合盛堡乡采用"炕头＋地头"工作法，走出具有泥土气息的乡村善治之路……"枫桥经验"之所以历久弥新、富有活力，一个重要方面就在于始终激活基层基础这一深厚本源。坚持和发展新时代"枫桥经验"，必须树立大抓基层的鲜明导向，把基层基础建设作为根本支撑，持续激发基层社会治理新动能。

作为国家治理的"最后一公里"、群众感知公共服务效能和温度的"神经末梢"，基层治理一头连着国家大政方针，一头连着百姓衣食住行。正所谓"提衣提领子，牵牛牵鼻子"，越是千头万绪，越要抓住党建引领这个关键。实践来看，北京市创新开展"党建引领接诉即办"改革，推动党员干部下基层、跑工单、走流程、蹲点位，围着一线转、围着群众转、围着问题转。不少地方也创新"网格化党建""区域化党建"等方式，探索党员干部下沉的常态长效机制。党建引领、力量下沉，把基层党组织战斗堡垒作用和党员先锋模范作用发挥出来，把党的政治优势、组织优势、密切联系群众优势转化为基层治理效能，不仅夯实了中国之治的根基，也拉近了党群干群关系。

"枫桥经验"发展到今天，最重要的成果和最鲜明的特色就是实现自律和他律、刚性和柔性、治身和治心、人力和科技相统一。新时代以来，发挥"德业相劝、过失相规"的乡规民约作用，培育富有地方特色和时代精神的新乡贤文化，利用人工智能、物联网、大数据等技术建设智慧社区，通过网络平台畅通社情民意直通车……汲取贵和尚中、讲信修睦等传统文化理念，适应治理体系和治理能力现代化的需要，让党组织领导下的自治、法治、德治相得益彰。"社会治理是一门科学，管得太死，一潭死水不行；管得太松，波涛汹涌也不行。"处理好活力和秩序的关系，既要讲究辩证法，善于"十个指头弹钢琴"，也要注重具体工作的方式方法，多一些春风化雨、润物无声、与时俱进。

人民群众是基层社会治理的"源头活水"。建设人人有责、人人尽责、人人享有的社会治理共同体，这是坚持和发展新时代"枫桥经验"的题中之义。放眼今天基层社会治理的火热实践，北京"朝阳群众"、天津"小巷管家"、浙江"红枫义警"等一支支群防群治队伍，活跃在社区管理、便民服务一线。海南海口设立"小区议事堂"、重庆市推行乡村邻里纠纷"院落自治"、江西南昌推广"幸福圆桌会"……群众当主角，大家的事情大家商量着办，让人民群众真正成为社会治理最广参与者、最大受益者、最终评判者。事实证明，最大限度调动广大人民群众的积极性、主动性，才能形成基层社会治理的最大合力。

基层强则国家强，基层安则天下安。坚持和发展新时代"枫桥经验"，完善基层治理体系，筑牢社会和谐稳定的基础，更加有力地确保人民安居乐业、社会安定有序、国家长治久安，既是推进中国式现代化的必然要求，也是实现人民对美好生活向往的基础工程。务当驰而不息、久久为功、善作善成，时时放心不下！

《人民日报》（2023 年 12 月 28 日第 10 版）

理论茶座

坚持和发展好新时代"枫桥经验"

金伯中

习近平总书记日前亲切会见全国"枫桥式工作法"入选单位代表，向他们表示诚挚问候和热烈祝贺，勉励他们再接再厉，坚持和发展好新时代"枫桥经验"，为推进更高水平的平安中国建设作出新的更大贡献。社会治理是国家治理的重要方面，社会稳定是国家强盛的前提。我们要把新时代"枫桥经验"坚持好、发展好，使其在加强和创新社会治理的实践中发挥更大效能，为中国式现代化营造和谐有序的社会环境，不断增强"中国之治"新优势。

今年是毛泽东同志批示学习推广"枫桥经验"60周年，是习近平总书记指示坚持和发展"枫桥经验"20周年。20世纪60年代，浙江枫桥干部群众在基层社会治理中创造了"枫桥经验"。几十年来，从"发动和依靠群众，坚持矛盾不上交，就地解决"到"小事不出村、大事不出镇、矛盾不上交"，"枫桥经验"不断丰富和发展，成为我国基层社会治理的一张"名片"。党的十八大以来，以习近平同志为核心的党中央高度重视坚持和发展"枫桥经验","新时代'枫桥经验'"写进党的十九届六中全会《决议》、党的二十大报告。"乡贤参事会""圆桌问计""侨乡枫桥"解纷工作法……各地坚持和发展新时代"枫桥经验",结合实际创造出一个又一个化解矛盾、服务群众的好形式、好方法。在传承中发展、在发展中创新,"枫桥经验"展现出持久生命力和旺盛活力。

对于"枫桥经验",习近平总书记指出:"这里面有我们党处理问题、化解矛盾的政策策略,就是要走群众路线"。只有走到群众中间,与群众"坐一条板凳",才能真正了解群众的诉求。只有发挥群众的聪明才智,才能精准掌握基层矛盾纠纷隐患苗头,找到化解矛盾纠纷的突破口。近年来,从领导干部定期下访机制、"百万警进千万家"活动到各地涌现的如"义警""小巷管家""红袖标"等治安志愿者组织,这些都是我们在社会治理领域走群众路线的生动体现。人民群众是践行新时代"枫桥经验"的源头活水。坚持和发展好新时代"枫桥经验",必须坚持党的群众路线,把体现人民意志、反映人民愿望、维护人民权益、增进人民福祉落实到基层社会治理方方面面。尊重人民主体地位和首创精神,创新正确处理新形势下人民内部矛盾的机制,发展壮大群防群治力量,建设人人有责、人人尽责、人人享有的社会治理共同体。

基层是我国社会治理体系的基础。现代社会是高风险社会,风险的跨界性增强、传导性加快,容易形成风险综合体,必须提高风险防范化解的前瞻性、系统性。新时代"枫桥经验"为我们防范化解矛盾风险提供了重要的方法论。要坚持大抓基层的鲜明导向,坚持抓早抓小抓苗头，树立关口前移的理念，完善社会风险预警监测体系，筑牢基层社会治理的第一道防线。同时，坚持综合施策，注重以联调联动促矛盾化解，构建线上线下一体的矛盾纠纷多元化解平台，形成解决矛盾问题的强大合力。

在现代化建设中，处理好活力与秩序的关系至关重要。我国能够创造世所罕见的经济快速发展奇迹和社会长期稳定奇迹，很大程度上得益于我们党正确处理了改革、发展、稳定的关系。新征程上，要运用好我们党的宝贵经验和智慧，坚持和发展好新时代"枫桥经验"，坚持党的领导这一根本保证，坚守以人民为中心这一根本立场，更加彰显法治思维、更加突出科技支撑、更加注重社会参与，正确处理新形势下人民内部矛盾，完善社会治理体系，推动形成活而不乱、活跃有序的动态平衡，确保人民安居乐业，推动中国式现代化行稳致远，续写"两大奇迹"新篇章。

《人民日报》（2023 年 11 月 22 日第 9 版）

"中国之治"的一张金名片

万建武

2023 年是毛泽东同志批示学习推广"枫桥经验"60 周年，是习近平总书记指示坚持和发展"枫桥经验"20 周年。11 月 6 日，习近平总书记在北京人民大会堂亲切会见全国"枫桥式工作法"入选单位代表，向他们表示诚挚问候和热烈祝贺，勉励他们再接再厉，坚持和发展好新时代"枫桥经验"，为推进更高水平的平安中国建设作出新的更大贡献。

"枫桥经验"是中国基层社会治理的典范，是全国政法综治战线的一面旗帜。这一基层社会治理的宝贵经验在传承中发展、在发展中创新，形成特色鲜明、内涵丰富的新时代"枫桥经验"，成为展示"中国之治"的一张金名片。

强化基层组织功能，探索正确处理新形势下人民内部矛盾的方法

治国安邦，重在基层。党的工作，最坚实的力量在基层，最突出的矛盾和问题也在基层。基层既是产生社会矛盾的"源头"，也是疏导社会矛盾的"茬口"。"枫桥经验"是基于正确认识和处理人民内部矛盾、妥善解决基层复杂问题产生的，目的是筑牢基层维护社会稳定的第一线平台。

20世纪60年代初，浙江诸暨枫桥干部群众创造了"依靠群众就地化解矛盾"的"枫桥经验"，主要做法是，发动和依靠群众，坚持矛盾不上交，就地解决。这一经验集中反映了我们党依靠基层组织解决人民内部矛盾的工作方法，既坚持党的坚强领导，又实现人民群众的有序参与，把问题解决在基层，创造了解决人民内部矛盾的"很好的典型"。1963年11月，毛泽东同志就学习推广"枫桥经验"作出重要批示，"枫桥经验"由此走向全国。

时代在变，形势在变，社会矛盾的内容和表现也在变，但我们党依靠基层组织处理人民内部矛盾的方法始终没有变。新时代"枫桥经验"最突出的特点，就是牢牢抓住基层基础，最大限度把矛盾风险防范化解在基层。随着改革发展的不断深化，我国进入社会矛盾多发期。习近平总书记对坚持和发展"枫桥经验"提出新的要求，使之在巩固基层、化解矛盾方面发挥出更大效能。习近平总书记指出："群防群治和小事不出村、大事不出镇、矛盾不上交是枫桥创造的基层治理经验，要结合新的形势推广'枫桥经验'，并不断总结新鲜经验，加快形成共建共治共享的现代基层社会治理新格局。"

作为"枫桥经验"发源地之一的枫桥镇枫源村，已连续 18 年实现"群众零上访、干部零违纪、百姓零刑事、村民零邪教"。当地干部介绍说，"零上访"不是说村里没有事儿，而是不等到村民上访，村干部就先上门，把该解决的问题尽快解决好。他们的成功经验，归结起来就是把党的基层组织作为创新社会治理的"主心骨"，深化"网格化管理、组团式服务"，确保党的全面领导落实到基层工作中，确保问题隐患及时发现、及时处置，绝大部分纠纷在乡镇以下解决。

"枫桥经验"之所以永葆生机与活力，就在于坚持党的领导这一根本原则，坚守以人民为中心这一根本立场，坚持综合施策这一根本途径，树立关口前移这一根本理念，夯实基层基础这一根本支撑。坚持和发展好新时代"枫桥经验"，必须树立大抓基层的鲜明导向，推动社会治理重心向基层下移。党的二十大首次将"枫桥经验"写入党的全国代表大会报告，强调在社会基层坚持和发展新时代"枫桥经验"，完善正确处理新形势下人民内部矛盾机制。新时代"枫桥经验"的价值已经超出社会综合治理的"经验范畴"，上升为社会治理的"理论层面"，深化了对基层党组织建设与基层社会治理良性互动关系的认识，升华了对正确处理新形势下人民内部矛盾规律的认识。

紧紧依靠人民群众，建设人人有责、人人尽责、人人享有的社会治理共同体

群众路线是我们党的生命线和根本工作路线，是加强和创新社

会治理必须遵循的基本原则。学习推广"枫桥经验",必须紧紧扭住做好群众工作这条主线。2023 年 9 月 20 日,习近平总书记在参观枫桥经验陈列馆时指出:"要坚持好、发展好新时代'枫桥经验',坚持党的群众路线,正确处理人民内部矛盾,紧紧依靠人民群众,把问题解决在基层、化解在萌芽状态。"学习总书记的重要论述,重温"枫桥经验"产生发展的历程,对于坚持和发展新时代"枫桥经验"、推进基层社会治理现代化,具有重要启示意义。

"枫桥经验"是来自人民群众的实践创造,是党的群众路线在基层工作中的充分体现。处理基层特别是广大农村基层出现的矛盾和问题,毛泽东同志曾多次强调,要根据实际情况,通过走群众路线来解决。他指出:"所谓正确处理人民内部矛盾问题,就是我党从来经常说的走群众路线的问题。共产党员要善于同群众商量办事,任何时候也不要离开群众。""枫桥经验"很好地贯彻了这一原则。这引起了毛泽东同志的关注和重视,他明确指出要总结诸暨的好例子,作为教育干部的材料。

进入改革开放和社会主义现代化建设新时期,党的群众工作面临的形势和任务发生了变化,但"枫桥经验"并没有过时。2003 年 11 月 25 日,纪念毛泽东同志批示"枫桥经验"40 周年暨创新"枫桥经验"大会在浙江召开,时任浙江省委书记的习近平同志在讲话中强调:"创新'枫桥经验',必须相信依靠群众,在执政为民中践行根本宗旨。"在浙江工作期间,习近平同志亲自探索推行领导干部下访接待群众等一系列基层治理创新,亲自挖掘推广一系列基层治理特色做法,亲自谋划推动建设"法治浙江""平安浙江"等一系列事关全局、着眼长远的决策部署，创造性地坚持和发展了"枫桥经验"。

党的十八大以来，习近平总书记深刻阐述了社会治理中必须加强群众工作的极端重要性，强调"一切治理活动，都要尊重人民主体地位，尊重人民首创精神，拜人民为师"。群众的实践是最丰富最生动的实践，群众中蕴藏着巨大的智慧和力量。重温"枫桥经验"产生发展的历程，习近平总书记深刻指出："这里面有我们党处理问题、化解矛盾的政策策略，就是要走群众路线，紧紧依靠人民群众，把问题解决在基层、化解在萌芽状态。"

坚持和发展好新时代"枫桥经验"，必须贯彻好党的群众路线，坚持社会治理为了人民，善于把党的优良传统和新技术新手段结合起来，创新组织群众、发动群众的机制，创新为民谋利、为民办事、为民解忧的机制，让群众的聪明才智成为社会治理创新的不竭源泉。"共产党最基本的一条经验是一刻也不能脱离人民群众。"越是现代化的治理，越要走群众路线。要自觉把以人民为中心的发展思想贯穿到各项工作中，充分发挥人民群众的主体作用，不断增强人民群众参与社会治理的积极性，不断提高人民群众的获得感、幸福感、安全感，健全共建共治共享的社会治理制度，建设人人有责、人人尽责、人人享有的社会治理共同体。

创新体制机制，提高社会治理社会化、法治化、智能化、专业化水平

"枫桥经验"能够在不同历史时期持续发挥作用，很重要的一点就在于基层干部群众及时总结成功做法，并以此为基础进行制度层面的创新，提升社会治理效能。2013年10月，习近平总书记就坚持和发展"枫桥经验"作出重要指示，强调："各级党委和政府要充分认识'枫桥经验'的重大意义，发扬优良作风，适应时代要求，创新群众工作方法，善于运用法治思维和法治方式解决涉及群众切身利益的矛盾和问题，把'枫桥经验'坚持好、发展好，把党的群众路线坚持好、贯彻好。"

"枫桥经验"重在实践，贵在创新。毛泽东同志充分肯定并大力推广"枫桥经验"，关键就在于它对如何正确处理人民内部矛盾的重大问题进行了大胆探索，具有制度创新的闪光点。浙江是"枫桥经验"的发源地，也是发展"枫桥经验"的试验田，肩负着创新"枫桥经验"的历史使命。在建设"平安浙江"实践中，形成了以"四前""四先四早"工作机制等为代表的一系列制度创新，彰显了"枫桥经验"与时俱进的时代价值。所谓"四前""四先四早"工作机制，就是指健全矛盾纠纷排查调处工作机制，狠抓落实责任制，努力做到组织建设走在工作前，预测工作走在预防前，预防工作走在调解前，调解工作走在激化前；切实使"预警在先，苗头问题早消化；教育在先，重点对象早转化；控制在先，敏感时期早防范；调解在先，矛盾纠纷早处理"，全面提高正确处理人民内部矛盾的能力和水平。

新时代"枫桥经验"的显著特征是始终坚持守正创新，按照"系统治理、依法治理、综合治理、源头治理"的要求，完善社会治理体系，提高社会治理社会化、法治化、智能化、专业化水平。

党的十八大以来，我国社会建设之所以取得历史性成就，一个重要原因就在于紧紧抓住了体制机制创新这个"牛鼻子"，逐步实现了社会治理结构的合理化、治理方式的科学化、治理过程的民主化，积极有效地化解了社会矛盾。"枫桥经验"依靠群众就地化解矛盾，最重要的成果和最鲜明的特色就是实现了自律和他律、刚性和柔性、治身和治心、人力和科技相统一，其生命力就在于基层治理创新。

坚持和发展好新时代"枫桥经验"，必须建立长效机制，在创新体制、完善制度中实现长治久安。习近平总书记指出："社会治理是一门科学，管得太死，一潭死水不行；管得太松，波涛汹涌也不行。"加强和创新社会治理，关键在体制机制创新，其中制度是根本性、全局性、长远性的。新时代"枫桥经验"的覆盖面，已经从化解矛盾纠纷、维护社会稳定，拓展到预防化解各种社会风险、维护国家安全，成为中国特色社会主义基层治理制度的重要内容，成为推进社会治理体系和治理能力现代化的重要方面。

坚持和发展好新时代"枫桥经验"，形成基层社会治理现代化的"中国方案"

强化示范引领、发挥典型效应，是我们党治国理政的重要方法。典型本身就是一种引领力量，代表着前进的方向。伴随实践发展，"枫桥经验"已经由基层社会治理的范本上升为我们党领导人民推进国家治理体系和治理能力现代化的生动实践。新时代"枫桥经验"应时而来、意义重大，既总结提升了"枫桥经验"，又为新时代基层社会治理提供了基本遵循。

"枫桥经验"的产生发展，与人民领袖的关注、关心和关怀密不可分。20世纪60年代初，毛泽东同志特别重视下基层搞调查研究，重视基层创造的社会主义建设新鲜经验。他强调，"从研究典型着手是最切实的办法"，"应当注意收集和传播经过选择的典型性的经验，使自己领导的群众运动按照正确的路线向前发展"。当审阅完介绍"枫桥经验"的材料后，他感到这一经验可以作为正确处理人民内部矛盾的典型，马上就如何学习推广作出重要批示，还进行了周密部署，指出："此件看过，很好。讲过后，请你们考虑，是否可以发到县一级党委及县公安局，中央在文件前面写几句介绍的话，作为教育干部的材料。其中应提到诸暨的好例子，要各地仿效，经过试点，推广去做。"

"枫桥经验"的创新与发展，倾注了习近平总书记大量心血和智慧。在浙江工作时，他就明确提出要充分珍惜"枫桥经验"，大力推广"枫桥经验"，不断创新"枫桥经验"。党的十八大以来，习近平总书记从新时代治国理政全局和推进社会治理能力现代化的战略高度，多次就坚持和发展好"枫桥经验"作出重要指示，赋予其新的时代内涵。2021年，新时代"枫桥经验"写入《中共中央关于党的百年奋斗重大成就和历史经验的决议》，成为中国共产党百年奋斗宝贵经验的重要组成部分。

当前，世界百年未有之大变局加速演进，世界进入新的动荡变革期，我国发展进入战略机遇和风险挑战并存、不确定难预料因素增多的时期，必须准备经受风高浪急甚至惊涛骇浪的重大考验，维护国家安全和社会稳定的任务艰巨而繁重。2019年1月，党中央举办省部级主要领导干部坚持底线思维着力防范化解重大风险专题研讨班，习近平总书记在讲话中专门强调："要推进社会治理现代化，坚持和发展'枫桥经验'，健全平安建设社会协同机制，从源头上提升维护社会稳定能力和水平。"近年来，从乡村"枫桥经验"到城镇社区"枫桥经验"、海上"枫桥经验"、网上"枫桥经验"；从"枫桥经验"在浙江的创新实践到全国各地方各领域的落地生根；从辽宁沈阳牡丹社区的"三零"工作法，到福建明溪县"侨乡枫桥"解纷工作法……"枫桥经验"在新时代伟大实践中不断丰富和创新发展，焕发出新的生机活力，展现出破解治理难题的思想伟力，使社会治理成效更多、更公平地惠及全体人民。

2023年7月，第三届文明交流互鉴对话会暨首届世界汉学家大会在北京召开。习近平总书记发来贺信，指出："不同文明之间平等交流、互学互鉴，将为人类破解时代难题、实现共同发展提供强大的精神指引。"来自浙江诸暨的"枫桥经验"亮相大会，受到国际社会关注，成为对外展示"中国之治"的样本，为全球社会治理现代化贡献了中国智慧、中国方案。

甲子飞逝如白驹过隙，"枫桥经验"仍历久弥新。"枫桥经验"凝结着一代代中国共产党人带领人民创新社会治理的探索和创造，已经从"一镇之计"上升到基层社会治理的"一国之策"，从乡村治理的实践经验演进为新时代治国理政蓝图中的重要元素。坚持和发展好新时代"枫桥经验"是一项艰巨的实践任务，也是一道复杂的理论命题，最根本的是必须始终坚持以习近平新时代中国特色社会主义思想为指引，坚定不移走中国特色社会主义社会治理之路，把党的领导和我国社会主义制度优势更好转化为社会治理效能，把中国基层社会治理的创新经验和正确处理人民内部矛盾的规律性认识上升为社会治理制度体系，为推进国家治理体系和治理能力现代化作出新的更大贡献。

《求是》（2023 年第 23 期）

"枫桥经验"何以彰显强大生命力

陈赛金

党的二十大报告明确指出，在社会基层坚持和发展新时代"枫桥经验"，完善正确处理新形势下人民内部矛盾机制。所谓"枫桥经验"，最早是指 20 世纪 60 年代初，浙江省诸暨市枫桥镇干部群众创造的"发动和依靠群众，坚持矛盾不上交，就地解决，实现捕人少、治安好"的基层治理经验。早在 2003 年，时任浙江省委书记的习近平同志就曾大力推广"枫桥经验"。2023 年 3 月，习近平总书记再次强调，要坚持和发展新时代"枫桥经验"，完善正确处理新形势下人民内部矛盾机制，及时把矛盾纠纷化解在基层、化解在萌芽状态。

"枫桥经验"是中国共产党带领各族人民于长期实践中总结形成的关于基层社会治理的宝贵经验，其不仅具备充分的本土性特征，还在方法层面具有源源不断的创新力。正是其在继承历史、保证精神内涵不变质的基础上，把握社会和时代发展的脉搏，不断创新发展，将公共服务的供给同时代现实需要有机结合，才彰显出更强的生命活力。"枫桥经验"历经数十载而历久弥新的力量源泉，便来自其始终不变的精神内涵。

第一，坚持"为人民服务"的价值立场。党的根基在人民，党的血脉在人民，坚持以人民为中心的发展思想，不仅体现了党的理想信念、性质宗旨和初心使命，还是对党奋斗历程和实践经验的深刻总结。"为人民服务"是"枫桥经验"诞生至今创新发展的基本点。从社会主义建设时期的"以理服人，少捕人，矛盾不上交"，到改革开放新时期的探索综合社会治理，再到新时代的"服务不缺位"，深刻彰显了"枫桥经验"尊重人、重视人、将人民群众的利益放在首位的价值立场。这种价值立场以民意为导向开展工作。新时代"枫桥经验"坚持以"警务围绕民意转，民警围绕百姓转"为理念，把"群众高兴不高兴、答应不答应、满意不满意"作为党政工作评估标准。紧盯群众最关心、最直接、最现实的问题，提升服务企业、服务群众、服务基层的能力，增加群众满意度、幸福感。它深刻体现了马克思主义的群众观点、群众立场，尊重人民群众的主体地位，深入群众、相信群众，真正做到了想群众之所想、急群众之所急、解群众之所困。

第二，坚持"走群众路线"的根本方法。坚持走群众路线是"枫桥经验"的根本工作方法。新时代"枫桥经验"要继续坚持走群众路线。首先它主要体现在坚持群防群治。当基层矛盾纠纷化解任务与行政人员数量不相匹配时，"警力有限，民力无穷"，枫桥镇政府动员群众构建群防群治网络。比如，组织群众成立巡逻队等，使得干群在基层矛盾纠纷中群策群力，提升社会治理效能。其次是培育社会组织。社会组织在应急管理、矛盾风险预防化解、公益帮扶、法治宣传等方面具有重要作用。为此，枫桥政府积极孵化、培育、帮助社会组织向社会化与专业化发展。目前，枫桥地区已成立乡贤参事议事类、平安巡防类、乡风文明类、志愿服务类、邻里纠纷调解类五大类社会组织。其中"枫桥大妈""老杨调解室""红枫义警""蓝海救援"等已成为枫桥特色的社会组织品牌，与基层政府形成协同治理网络。除此之外还有积极吸纳专业力量。目前社会矛盾逐渐复杂化，矛盾纠纷化解机制需要多元专业人才。基于此，枫桥政府将专业性更强、威望更高的乡贤、律师、医生、教师、法官等不同领域的人才纳入基层治理队伍，发挥其专业服务能力。

"枫桥经验"中最为重要的一条，是坚持党的领导。党的领导是中国特色社会主义制度的最大优势，也是"枫桥经验"形成、发展和创新的根本保障。新时代"枫桥经验"始终把党的领导贯穿基层治理全过程，实施"政治引领、组织引领、能力引领、发展引领、服务引领"的"五大引领"工程。比如，实施村（社）各类组织向村党组织报告工作制度；坚持社会组织发展与党建工作深度融合；开展"村村联盟""村企联盟""企企联盟"等区域化党建联盟建设；推行"1个党支部+1个网格+N个党小组"基层治理网格模式等。为更好满足人民对美好生活向往，枫桥镇成立"红枫党建"品牌。以"红枫党建"为载体、以党员干部为先锋、以各党支部为堡垒，打造服务型党组织，党员结对联户调解基层社会矛盾，提升为人民服务的凝聚力和向心力。

当前，我国开启了全面建设社会主义现代化国家新征程，应注重把握社会矛盾的新变化，在"枫桥经验"的基础上，深度融合社会发展及治理的新需要，坚持共治、共建、共享的新治理理念，更好发挥人民群众作用，迈向社会治理的新篇章。

《光明日报》（2023 年 07 月 03 日第 2 版）

以新时代"枫桥经验"助力法治社会建设

马一德

2023 年 9 月 20 日，习近平总书记在"枫桥经验"发源地浙江省诸暨市枫桥镇考察时指出："要坚持好、发展好新时代'枫桥经验'，坚持党的群众路线，正确处理人民内部矛盾，紧紧依靠人民群众，把问题解决在基层、化解在萌芽状态。"当前，世界百年未有之大变局加速演进，世界进入新的动荡变革期，我国发展进入战略机遇和风险挑战并存、不确定难预料因素增多的时期，必须准备经受风高浪急甚至惊涛骇浪的重大考验。学习贯彻习近平总书记关于"枫桥经验"的重要讲话精神，用好以"矛盾不上交、平安不出事、服务不缺位"为基本内涵的新时代"枫桥经验"，对于正确处理新形势下的人民内部矛盾、加快建设法治社会尤为关键。

习近平总书记多次对坚持和发展"枫桥经验"作出指示、批示，强调"善于运用法治思维和法治方式解决涉及群众切身利益的矛盾和问题",推动"枫桥经验"取得新成就、作出新概括。新时代"枫桥经验"写入党的十九届六中全会通过的《中共中央关于党的百年奋斗重大成就和历史经验的决议》,党的二十大报告明确提出,"在社会基层坚持和发展新时代'枫桥经验',完善正确处理新形势下人民内部矛盾机制""及时把矛盾纠纷化解在基层、化解在萌芽状态"。新时代"枫桥经验"更加强调党的领导、更加彰显法治思维、更加突出科技支撑、更加注重社会参与,对我们推进中国式现代化,加快建设法治社会,具有重要意义。

坚持和加强党对社会治理工作的领导,深入贯彻党的群众路线

群众路线是中国共产党的优良传统。1963 年,"枫桥经验"由枫桥干部群众在实践探索中创造,经浙江省委、省公安厅的调整完善与总结汇报,得到了毛泽东同志的肯定,作出批示"要各地仿效,经过试点,推广去做",并发表谈话指出,从诸暨的经验看,群众起来之后,做得并不比你们差,并不比你们弱,你们不要忘记动员群众,群众工作做好了,还可以减少反革命案件,减少刑事犯罪案件。此后公安部、浙江省委总结出"在党的领导下,发动和依靠群众,坚持矛盾不上交,就地解决,实现捕人少、治安好"的经验。回顾 60 年的历程,"枫桥经验"形成、创新和发展中的一条主线,就是始终坚持和加强党对社会治理工作的领导。新中国成立初期,枫桥干部群众创造性地运用毛泽东同志关于正确处理人民内部矛盾的思想,"依靠群众""教育人、改造人",积极投

身社会主义改造和建设。在新时代，枫桥干部群众创新群众工作方法，推动基层社会治理模式转变，善于运用法治思维和法治方式解决涉及群众切身利益的矛盾和问题。因此，"枫桥经验"既是基层党组织贯彻党中央决策部署的实践创新，也是党的群众路线在基层的生动体现。"枫桥经验"的长期发展实践证明，法治社会建设的主阵地在基层，党中央关于法治社会建设的决策部署只有落实到基层才有生命力。

习近平总书记强调："坚持和发展新时代'枫桥经验'，把准群众诉求，及时解决基层群众的困难和矛盾。"用好新时代"枫桥经验"，应加强党对政法工作的全面领导，深入贯彻党的群众路线，发挥党建统领作用，推动基层党建与基层治理有机衔接，牢固树立大抓基层鲜明导向，持续整顿软弱涣散基层党组织，通过建章立制、规范权力、保障权利，充分发挥基层党组织的战斗堡垒作用，不断健全党组织领导的自治、法治、德治相结合的城乡基层治理体系。要充分汲取枫桥勇于实践创新、放手发动群众的宝贵经验，不断完善社会治安综合治理，针对社会矛盾纠纷呈现出的主体多元化、诉求复杂化、类型多样化等特点，优化社会治安立体防控体系的顶层设计和力量配置，全面形成党委领导、政府负责、社会协同、公众参与、法治保障的社会治理体制，打造共建共治共享的社会治理格局。

始终站稳人民立场，彰显法治思维，增强依法办事能力

60 年来，随着我国社会主要矛盾的变化，人民对法治的需求在

不断变化,"枫桥经验"也在与时俱进。"枫桥经验"从起初的社会改造,到后来的维稳,再发展到促进社会和谐。"枫桥经验"证明,法治是基层社会治理的最优方式,有着权责明确、程序规范、可预期性强等鲜明特点,当法治成为社会的基本价值追求和行为方式时,可以有效化解很多矛盾和问题。随着我国经济社会发展,基层治理法治化也进入新发展阶段,人民群众的物质文化需求不断增长,对基层治理服务质量的需求不断提高。同时要看到,在一些地方的基层工作中,仍有少数领导干部不善于运用法治思维和法治方式促改革、谋发展,一些基层干部依法办事能力不强,一些社会工作者和调解员法治意识与社会发展不相适应、工作能力参差不齐。因此,大力培育法治思维,提升依法办事能力就显得尤其重要。

习近平总书记强调:"领导干部尊不尊法、学不学法、守不守法、用不用法,人民群众看在眼里、记在心上,并且会在自己的行动中效法。领导干部尊法学法守法用法,老百姓就会去尊法学法守法用法。"新征程上,领导干部和公职人员必须坚持以习近平法治思想为指导,始终站稳人民立场,增强依法办事能力。一方面,加强领导干部法治教育,健全领导干部学法用法机制,建立领导干部依法履职考核机制,用制度保障领导干部法治素养提升。落实依法执政的理念,强化党内监督、人大监督、民主监督的约束力与威慑性,给公权力"立规矩""划红线",使党的主张通过法定程序成为社会的集体意志。另一方面,发挥法治在基层治理中的引导与保障功能,加强社会工作者和调解人员的培训,增强社会工作者依法办事能力,使法律工作者在处理矛盾纠纷中能够做到合法又合情理。构建大调解工作格局，运用法治手段解决平安建设、社会治理的重点难点问题，完善人民调解、行政调解、司法调解联动工作体系，充实基层一线的网格员、调解员、平安志愿者等力量，推广接诉即办机制，处理好居民家门口的纠纷"小事"，将党的温暖送到群众心坎上。

强化科技和信息平台支撑，建立健全矛盾纠纷化解机制

纵观"枫桥经验"的创新发展历程，枫桥区各级党委政府始终紧密依靠群众，在实践探索中加以充实拓展。进入新时代，"枫桥经验"探索运用信息化手段创新治理方式，实施基层治理"一张网"工程，治理手段从以人防、物防、技防为主的"三防"向建立健全人防、物防、技防、心防"四防并举"的社会风险防控体系转变，治理方式从传统方式向传统加智慧治理转变，实现资源共享、信息互通、工作联动，综治效果显著。"枫桥经验"的长期发展实践证明，一体推进基层治理法治化、信息化、智能化，有助于规范政府行为、提升政府的执行力和公信力。

充分利用互联网、大数据、云计算等信息化技术手段和方式，有效发挥其在国家社会治理中的积极作用。新征程上，应强化科技和信息平台支撑，提升基层社会治理效能。一方面，聚焦群众急难愁盼，既要"面对面"沟通疏导，也要"键对键"了解民意，借助技术手段把社会主义协商民主融入"枫桥经验"，通过新媒体新技术赋能，把矛盾纠纷化解需求信息等及时纳入政府公共决策。另一方面，打造基于大数据的智能化协同平台，开发手机 App、"随手拍"等功能，鼓励群众实时上报治安隐患及民生诉求，促进各职能部门

的决策沟通和协同互动，加强公共安全数据的整合共享和分析评估，构建"智慧型"基层社会治理研判机制。准确把握宽严相济政策的内涵，有效预防和惩治违法犯罪，依法有效化解社会矛盾纠纷，真正做到"致广大而尽精微"。

注重全民普法和社会参与，在厚植法治信仰上更有作为

"枫桥经验"有其深厚的文化底蕴。枫桥镇位于诸暨市东部，是古越民族聚居地、于越文化的发祥地之一，是具有千年历史的江南文化名镇，是浙江首批历史文化名镇和名贤辈出的东海文化明珠。"枫桥经验"具有"和为贵"的精神意境，强调通过自治和协商的柔性方式解决矛盾，蕴含着中华法系传统的文化底蕴。60年来，枫桥用群众喜闻乐见的方式"送法下乡"，持续构筑法治文化广场、礼堂、剧场、长廊、步道等普法宣传阵地，用音乐、影像、戏剧表演等文艺形式和载体，宣传普及宪法法律和党的大政方针。枫桥的干部群众通过"一队、一线、一卡、一日"，即法律服务小分队、法律服务热线、法律服务便民卡、法律服务咨询日等开展法律服务活动，形成常态化法律服务机制。多年来，枫桥实现了"矛盾少、治安好、发展快、社会文明进步"的良好局面，创造了社会治安综合治理的典范。"枫桥经验"的长期发展实践证明，提高全体人民的法治意识是建设法治社会的根本措施，形式多样、生动活泼的普法宣传和社会参与，则是从整体上预防和减少矛盾纠纷的长远之策。

法律要发生作用，首先全社会要信仰法律。全民守法是法治社会的基础工程。法律权威源自人民群众的内心拥护和真诚信仰，法

治精神融汇于人民群众的日常实践。新征程上，要把学习宣传贯彻习近平法治思想贯穿全民普法工作全过程，推动全体人民信仰法治、尊崇法治、厉行法治。一方面，加大全民普法力度，大力弘扬社会主义法治文化，推动法治文化和法治精神深入人心。发挥政府法律顾问、公职律师在政府文件起草、行政协议签订、行政争议化解中的作用，营造依法平等保护各类市场主体产权和合法权益的舆论氛围，增强公共法律服务资源和社会治理力量配置的精准性、均衡性和实效性，做到治理过程让群众参与、治理成效让群众评判、治理成果让群众共享，使人民群众获得感、幸福感、安全感更加充实、更有保障、更可持续。另一方面，找准法治与德治的契合点，把群众关注的热点难点问题作为普法重点，用群众喜闻乐见的方式，立足当地文化特色，尊重社会公序良俗，落实《青少年法治教育大纲》，广泛宣传与经济社会发展和人民群众利益密切相关的法律法规。以德治牵引法治、以法治保障德治，提升法治宣传教育的实时性、长效性、普惠性，推动全社会形成办事依法、遇事找法、解决问题用法、化解矛盾靠法的优良法治环境。

《光明日报》(2023 年 09 月 28 日第 6 版)

赋能基层治理　共创社会安宁

邱泽奇　乔天宇

习近平总书记在会见全国"枫桥式工作法"入选单位代表时勉励他们再接再厉，坚持和发展好新时代"枫桥经验"，为推进更高水平的平安中国建设作出新的更大贡献。以"小事不出村、大事不出镇、矛盾不上交"为特征的"枫桥经验"，经历了60年的实践发展，内涵更为丰富。基于对"枫桥精神"发源地浙江省诸暨市枫桥镇以及周边乡镇的实地调研，笔者认为，当地实践拓展了"枫桥经验"的深度和广度，展现了共治攒合力、共建汇动力的新风貌。

"枫桥经验"的基底在顺遂民声民情民意的治理，"矛盾不上交，就地解决"，是用群众喜闻乐见的方式解决矛盾纠纷。把解决矛盾与推动实现共同富裕结合起来，让人民群众在有安全感的基础上更有获得感和幸福感，不断满足人民群众对美好生活的向往，推动"枫桥经验"在新时代展现出历久弥新的魅力。

共治攒合力：“枫桥经验”的新深度

化解基层社会矛盾是“枫桥经验”的基底。诸暨的基层治理实践，通过将事后反应式的治理转变为事前预判、预防式的治理，拓展了“枫桥经验”的深度。这种治理方式不仅继承了“枫桥经验”的传统，即依靠人民群众、集合基层力量实现有效治理，还形成了充分利用新一代信息技术、调动多方力量参与的“共治”格局。

对新生矛盾快速反应，将矛盾消灭在萌芽状态，实现矛盾调处高效性。枫桥镇探索实施矛盾纠纷一站式解决方案，多措并举提升纠纷调处效率。一是力量集中，通过建设镇级社会治理中心，让涉及矛盾纠纷调处的相关单位形成协同优势。二是功能集成，整合风险研判、应急管理、监管执法、村级治理指导等功能，形成一站式高效工作架构。三是数据集中，通过开发与应用“浙里兴村治社”数字平台，汇集关联数据和社会治理信息，实现纠纷信息全量归总和一网通办。四是对症下药，对日常事件、应急事件、重要事件以及疑难事件“四事分治”，实时流转至对应部门，多管齐下将矛盾化解于萌芽状态。

对潜在矛盾提前布防，将矛盾消弭于未然，实现治理前瞻性。枫桥镇通过规范治理机制和动员治理力量，实施精细化管理，将处置预案提前部署在矛盾发生前。在规范治理机制上，借助数字化手段，保障事件处置规范及协同分工有效。利用“浙里兴村治社”数字平台，提前做好镇村两级规划部署、任务分发、流程管理和应急预案，实现“任务一键下达、事项一屏掌控”。在动员治理力量上，构建“村（社区）－网格－微网格”三级管理架构，纳入社会组织和村民等主体,形成多元主体参与的基层治理新局面,将矛盾遏制于未发。

对矛盾诱因主动研判,掌控矛盾酝酿的场景和因素,实现治理深入性。枫桥镇把社会经济发展中人民群众关心的热点焦点作为抓手,消除其中可能诱致矛盾发生的关联因素。一是通过基层法治教育,规范社区日常活动。通过直播、枫桥式共享法庭、枫桥法治讲堂等活动大力开展基层普法宣传,形成依法办事的良好风气。二是对矛盾诱因提前研判,"一事一议"进行化解。如当下自建房屋影响他户采光是基层产生矛盾纠纷的诱因之一。枫桥镇杜黄新村组织基层调研,对宅基地进行划片规划,公示说明特定区域的楼高限制,从源头化解可能产生矛盾的因素。同时,结合专家论证、公众参与、第三方评估等方式,将矛盾产生的风险控制到最低。

共建汇动力:"枫桥经验"的新广度

化解基层社会矛盾是为了保障人民群众在实现发展、追求美好生活过程中有一个稳定的社会环境。枫桥镇引入多元社会主体参与共建,持续汇聚多类型资源,为基层社会经济发展提供不竭动力。

做好民生服务,满足群众日常需求,凝聚发展共建的向心力。如枫桥镇枫源村联动金融、工商、交管、医疗等部门,为村民提供便捷服务通道。在村党群服务中心,村民可申请金融贷款、咨询法律事务,一些常见疾病的问诊和开药也可在此通过数字终端远程实现。村民在村服务中心能办理的大小事务达280余项,比5年前增加100多项。村民完全可以"办事不出村""小病村中看"。杜黄新村设置党员服务岗、综合业务窗口等便民服务通道，专门解决村民的日常需求，实现"只进一扇门，只找一个人，办成一件事"。

育好先进文化，转变基层观念行动，培育发展共建的原动力。枫桥镇让"枫桥精神"进生产、入生活，营造良好发展氛围，巩固发展成果。在产业经营方面，杜黄新村通过宣介土地流转的益处，改变了村民分散作业的传统经营理念，建立起了集中资源、明确分工的经营文化。在基层事务参与方面，枫桥镇推广"问议办评"方法，村每月 12 日与群众沟通座谈、答疑解虑，改变"各扫门前雪"的风气，调动群众参与基层发展和治理的积极性。在法律法规乡规民约方面，枫桥镇通过法治宣传教育、提供法律服务，引导日常生产生活和社会发展依法依规进行，营造崇实尚德和尊法守法的社会氛围，凝聚多元共建主体的共识，实现基层社会的自我治理、自主发展。

《光明日报》(2023 年 11 月 11 日第 5 版)

建设更高水平的平安中国

代玉启

2023 年是毛泽东同志批示学习推广"枫桥经验"60 周年暨习近平总书记指示坚持和发展"枫桥经验"20 周年。习近平总书记在会见全国"枫桥式工作法"入选单位代表时，勉励他们再接再厉，坚持和发展好新时代"枫桥经验"，为推进更高水平的平安中国建设作出新的更大贡献。新征程上，我国基层社会治理要展现新气象、实现新作为，必须准确把握"枫桥经验"的精髓要义，传承创新新时代"枫桥经验"的工作方法，打好基层治理的"组合拳"。

"枫桥经验"的时代传承

以"矛盾不上交、平安不出事、服务不缺位"的基层治理格局闻名的"枫桥经验"产生于社会主义建设时期，发展于改革开放新时期，创新于中国特色社会主义新时代，随着社会主要矛盾的变化不断转化发展，展现出持久旺盛的生命力。

在 20 世纪 60 年代的社会主义教育运动中，作为当时浙江省的试点，位于绍兴诸暨的枫桥镇干部群众通过摆事实、讲道理、开展说理斗争，取得显著成效。"枫桥经验"诞生时的核心内容，就是通过基层党组织发动群众，不把矛盾和尖锐问题上交。扩展到基层社会管理中，就是充分发挥党的政治优势，依靠基层组织和广大群众，就地解决当地发生的各种矛盾、化解纠纷，最大限度将问题解决在萌芽状态。

改革开放以来，"枫桥经验"始终坚持通过发动和依靠群众，创新群防群治，创造性地开展"组织建设走在工作前、预测工作走在预防前、预防工作走在调解前、调解工作走在激化前"的矛盾纠纷"四前"工作法，就地消化大量纠纷矛盾和一般治安问题，实现了"矛盾少、治安好、发展快、社会文明进步"的良好局面，成为全国社会治安综合治理的典范。

进入新世纪，浙江处在经济大发展、社会大转型的关键时期，新老问题交织叠加，矛盾纠纷增多，"枫桥经验"再次发挥出独特优势。时任浙江省委书记的习近平同志着眼于正确处理好改革发展稳定的关系，提出"维护社会和谐稳定同样是政绩"，"要'平安'，不要'平庸'"，"要拎着'乌纱帽'为民干事"等重要论述。在他的倡导和推动下，浙江省委提出要根据新形势下维护社会稳定出现的新情况、新特点，把学习推广新时期"枫桥经验"作为加强社会治安综合治理的总抓手。枫桥镇在浙江省率先开展平安创建活动，建立全国第一个综治工作中心，"枫桥经验"进一步向社会管理纵深推进，探索、创新、实践了社会管理的新路子，形成了"党政动手、依靠群众、源头预防、依法治理、减少矛盾、促进和谐"的工作格局。

党的十八大以来，习近平总书记就坚持和发展新时代"枫桥经验"作出一系列重要指示，强调"各级党委和政府要充分认识'枫桥经验'的重大意义，发扬优良作风，适应时代要求，创新群众工作方法，善于运用法治思维和法治方式解决涉及群众切身利益的矛盾和问题"，为"枫桥经验"赋予新的时代内涵。新时代"枫桥经验"从乡村拓展到社区、网络等新空间，从社会治安领域扩展到政治、经济、文化、社会、生态等新领域，特色鲜明，应用广泛。近年来，新时代"枫桥经验"先后写入《中共中央关于坚持和完善中国特色社会主义制度、推进国家治理体系和治理能力现代化若干重大问题的决定》《中共中央关于制定国民经济和社会发展第十四个五年规划和二〇三五年远景目标的建议》《中共中央关于党的百年奋斗重大成就和历史经验的决议》和党的二十大报告。

"枫桥经验"的价值意蕴

纵观"枫桥经验"从诞生到演进再到创新的发展历程，尽管在不同的历史时期有不同的表现形式，却始终彰显着一脉相承、历久弥新的独特价值意蕴。

毫不动摇地坚持马克思主义的人民立场。人民立场是马克思主义的根本立场，也是中国特色社会主义的基本属性。"枫桥经验"正是以人民为中心发展思想的有效彰显。一切为了群众、一切依靠群众，始终是"枫桥经验"的本质所在。"枫桥经验"从诞生之日起，便始终坚持以人民为中心的主线，主动适应社会主要矛盾的变化，从发动群众，创造"矛盾不上交、就地解决"的经验，到依靠群众、预防调解、就地消化大量纠纷矛盾和一般治安问题，形成"小事不出村，大事不出镇，矛盾不上交"的经验，再到自治、法治、德治融合，形成"矛盾不上交、平安不出事、服务不缺位"的新时代"枫桥经验"，真正做到察民情、集民智、聚民心，真正做到群众敢于自治、善于自治，政府相信自治、支持自治，将尊重人民主体地位和维护人民根本利益有机结合，让群众成为基层社会治理的广泛参与者和首要受益人。

与时俱进地发展中国特色社会主义社会治理理论。"枫桥经验"是在马克思主义普遍原理基础上结合我国社会治理具体实际展开的实践探索，完成了从实践经验向理论范式的有效转型。马克思恩格斯在构想共产主义社会时指出，每个人的全面而自由的发展为基本原则的社会形式。按共产主义原则组织起来的社会将有计划地组织社会生产，将大力发展生产力以满足社会全体成员的需要。这些观点都蕴含着共建共治共享的思想。新中国成立后，毛泽东同志结合我国实际，要求学习借鉴枫桥镇"在党的领导下，发动和依靠群众，坚持矛盾不上交，就地解决，实现捕人少、治安好"的经验。随着时代发展与我国社会结构深刻转型，发展不平衡、不协调问题开始出现，时任浙江省委书记的习近平同志强调"要充分珍惜'枫桥经验'，大力推广'枫桥经验'，不断创新'枫桥经验'"。党的十八大以来，习近平总书记多次对坚持和发展"枫桥经验"作出指示、批示，强调"坚持和发展新时代'枫桥经验'，把准群众诉求，及时解决基层群众的困难和矛盾"。习近平总书记关于坚持创新发展"枫桥经验"的新理念新思想新战略，是推进基层社会治理现代化的根本遵循，充分表明了以"枫桥经验"为重要内容的中国特色社会主义社会治理体系具有独特优势，为"枫桥经验"创新发展指明了方向。"枫桥经验"不仅是中国共产党百年奋斗重大成就和历史经验的重要组成部分，更成为坚持和完善中国特色社会主义制度、推进国家治理体系和治理能力现代化的有机组成部分。

为推进新时代国家治理现代化提供经验方法。"枫桥经验"的目标、方法始终围绕社会发展和矛盾解决而展开，彰显了强烈的时代特征，展现了基层社会治理的广阔前景。当前，世界之变、时代之变、历史之变正以前所未有的方式展开，需要国家治理尤其是作为微观基础的基层社会治理不断更新理念和方法。"枫桥经验"坚持人民群众主体地位，激活群众参与社会治理的活力；坚持创新纠纷调解法治化，让广大群众尊法学法守法用法，增强法治约束；坚持将国家宏观政策与区域社会实际相结合，将传统文化与时代精神相结合，营造德治文化；坚持数字化创新载体运用，实现治理空间由线下延伸至线上，创新数字治理新技术，打造共建共治共享的社会治理格局，有助于为新时代的基层治理提供参照和启迪，推进基层治理的宝贵经验向中国治理的"全景"转化，加快推进国家治理现代化的步伐。

建设更高水平的平安中国

建设平安中国是新时代社会治理的重要目标，"枫桥经验"正是达成这一目标的重要抓手。60年来,"枫桥经验"从枫桥出发,不断与时俱进、迭代升级,体现出持久旺盛的生命力。"枫桥式工作法"如雨后春笋般在全国各地涌现。只有坚持和发展好新时代"枫桥经验",创造和谐稳定的社会环境,才能为推进更高水平的平安中国建设作出新的更大贡献。

坚持党的领导,与发动群众、依靠群众相结合。党的领导是"枫桥经验"的政治灵魂,反映了"枫桥经验"的本质特征。"发动群众,依靠群众"是"枫桥经验"的精髓,贯穿于"枫桥经验"各个历史时期。作为中国共产党的一项重要实践经验,"枫桥经验"成功的关键就是充分发挥党总揽全局、协调各方的领导核心作用。自1963年毛泽东同志批示"要各地仿效,经过试点,推广去做"以后,"枫桥经验"成为把党的群众路线坚持好、贯彻好的典范,并不断形成具有时代特色的新经验。只有充分认识"枫桥经验"的重大意义,发扬优良作风,适应时代要求,才能真正把"枫桥经验"坚持好,把党的群众路线贯彻好。只有深入挖掘群众当中蕴藏的社会治理智慧,及时将群众工作的创新举措提炼升华,才能使工作中的经验和成效在更大范围内发挥积极作用,激发社会治理的内生动力。

坚持人民至上,聚焦人民群众急难愁盼问题。人民是历史的创造者,是决定党和国家前途命运的根本力量。人民至上是"枫桥经验"的核心理念,实现人民利益是"枫桥经验"的根本价值导向。"枫桥经验"始终将人民群众的需求和利益放在首位,关注人民群众的实际问题,聚焦人民群众的急难愁盼。习近平总书记强调:"我们要坚持把人民群众的小事当作自己的大事,从人民群众关心的事情做起，从让人民群众满意的事情做起。"新时代新征程，继续发挥"枫桥经验"的优势，建设更高水平的平安中国，就要实现好、维护好、发展好最广大人民的根本利益，通过广泛的调查研究和深入了解认识群众的真实需求，始终坚持问题导向，及早发现和纠正苗头性、倾向性问题，防止问题的滋生和恶化，有效预防和化解潜在的风险和问题，真正把社会治理经验转化为创造人民美好生活、建设更高水平平安中国的伟大实践。

坚持系统思维，完善多元预防调处化解综合机制。社会治安社会治，综合治理综合抓。新时代"枫桥经验"最突出的特点就是坚持统筹发展、治本抓源，牢牢抓住基层基础，推进基层社会治理规范化、制度化、法治化，最大限度把矛盾风险防范化解在基层。"枫桥经验"通过整合各种资源和力量，形成多元参与、多元治理的综合机制，将社会治理中的各个方面纳入考虑，并通过协调各方利益关系，切实解决问题。坚持和发展新时代"枫桥经验"，就要促进多方参与，不断创新机制，鼓励包括政府、企业、社区组织、居民等在内的更多主体共同参与、共同治理，建立协商、合作和共治的机制，探索完善政治引领、思想引领、组织引领、能力引领、机制引领等渠道，为平安中国建设提供更多创新力量。

《光明日报》（2023 年 11 月 15 日第 6 版）

筑牢基层善治根基

周小刚

2023 年 9 月 20 日，习近平总书记参观枫桥经验陈列馆，进一步指出要坚持好、发展好新时代"枫桥经验"，坚持党的群众路线，正确处理人民内部矛盾，紧紧依靠人民群众，把问题解决在基层、化解在萌芽状态。11 月 6 日，习近平总书记在人民大会堂亲切会见全国"枫桥式工作法"入选单位代表，向他们表示诚挚问候和热烈祝贺，勉励他们再接再厉，坚持和发展好新时代"枫桥经验"，为推进更高水平的平安中国建设作出新的更大贡献。

"枫桥经验"历久弥新，强调以服务人民为宗旨，以基层党建为引领，以社区居民为中心，以群众满意为基础，以治理创新为动力，以社会和谐为目标，以心系民生为情怀，以无私奉献为责任，通过多元化社会主体参与，实现基层治理的现代化。当前，坚持好发展好新时代"枫桥经验"可以在党建引领"驱动融合"、良法善治"固本强基"、科技创新"数字赋能"、多元主体"共治共享"等方面着力，切实提高基层治理现代化水平，更好实现社会和谐发展。

党建引领"驱动融合"

党建引领是新时代"枫桥经验"的重要特征和优势。紧抓党建引领主线，聚焦"党建＋群众""党建＋服务""党建＋治理"三项工程，以服务群众"零距离"为目标，探索党建引领下的基层治理新路径，努力形成基层党建工作与基层治理深度融合的良好格局。"枫桥经验"的生命力体现在"依靠群众就地化解矛盾"，注重发挥群众的主体作用，充分调动群众的积极性和创造性，最终做到"矛盾不上交、平安不出事、服务不缺位"，从本质上来说，这就是党的群众路线在基层治理中的生动体现。因此，基层要高度重视基层党组织的建设，充分发挥党员的先锋模范作用，推动党建向基层治理新领域、新空间不断延伸，提升基层治理水平、治理效率，最终提升服务群众效能。

党的二十大报告指出，坚持大抓基层的鲜明导向，抓党建促乡村振兴，加强城市社区党建工作，推进以党建引领基层治理，持续整顿软弱涣散基层党组织，把基层党组织建设成为有效实现党的领导的坚强战斗堡垒。要以党建引领为主线，不断延伸基层组织触角，以"1+N"的网格管理员和网格辅助员为治理依托，强化各级党组织对基层治理的责任，进一步形成"街乡吹哨、部门响应""主动治理、接诉即办"的一体化反应机制，这对于提高人民群众的安全感、获得感和幸福感至关重要。学习发展新时代"枫桥经验"必须强调党建引领与基层治理的深度融合，这不仅可以强化政府治理工作的协调有序，而且能够确保政策的贯彻执行，增强基层社会治理能力，实现基层治理的目标。

良法善治"固本强基"

良法善治贯彻的前提条件是有法可依，关键环节在于基层社会治理的严格执法，而司法公正是推动基层社会治理法治化的基本保障。习近平总书记强调，各级党委和政府要充分认识"枫桥经验"的重大意义，发扬优良作风，适应时代要求，创新群众工作方法，善于运用法治思维和法治方式解决涉及群众切身利益的矛盾和问题。"枫桥经验"本质上是自治、法治、德治三者的结合。因此，在学习和推广新时代"枫桥经验"过程中，必须强调依法治国，遵守法律和法规，群众路线、民主精神和组织建设都需要在法律框架内实现。不仅基层民主建设需要依据法律规定，确保民主程序的合法性和公正性，而且在贴近实际和解决问题过程中，同样需要在程序和规范的框架内进行。

良法善治强调注重程序和规范的制定和遵守，可以确保基层治理工作的合法性和规范性，同时努力将矛盾化解在早、化解在小、预防在源头。发挥法治在基层治理中的引导与保障功能，加强社会工作者和调解人员的培训，增强社会工作者依法办事能力，构建大调解工作格局，运用法治手段解决平安建设、社会治理的重点难点问题，进一步完善社会矛盾纠纷多元预防调处化解综合机制，推进以自治为基础、法治为保障、德治为引领的基层治理模式形成、完善和发展，构建一个固本强基、依法治理、高效便捷、和谐稳定的基层社会治理体系。

科技创新"数字赋能"

数字科技赋能基层治理，实现基层善治，是坚持发展新时代"枫桥经验"的重要方向。工欲善其事，必先利其器。在新时代"枫桥经验"的实践过程中，各地充分利用大数据、云计算、区块链等科技手段，创新基层治理的方法和手段，着力构建完善网格化管理、精细化服务、信息化支撑的基层治理平台，以提供更好的服务、提高治理效率和服务质量。当下，数字化、智能化成为各地基层治理的发展趋势，基层充分利用数字技术的力量，推动治理从传统方式向智慧治理迈进，从粗放式管理向更精细化的模式转变。

各地通过创建数智化网络治理平台，在 AI 智能分析、智慧电梯、防溺水监测和电动车充电火灾警报系统等方面取得积极成效，例如利用数智化智能平台在第一时间发出警报，达到及时处置的效果，以及推动警情处置与矛盾调处工作由"各自为战"向"专业融合"方向升级，等等。在新时代"枫桥经验"的实践中，各地充分利用新一代信息技术手段，以治理创新为动力，切实为基层工作减负、为矛盾化解增效，为人民群众提供更好的服务内容、更高的治理效率和服务质量，从而推动基层治理数字化、智能化和现代化。

多元主体"共治共享"

基层事务繁杂，不能仅仅依赖政府部门，必须充分发挥社会各主体的作用，积极倡导群众广泛参与和商讨，激发整个社会的活力。既要听民声、顺民意，更要集众智、汇众力。以人才、资源、服务为核心，建立并完善上下联动、内外结合的基层治理长效机制。近年来，各地在坚持和发展新时代"枫桥经验"过程中，积极推动各主体实现优势互补，促进矛盾纠纷预防化解，形成多方共同参与、人尽其才、物尽其用、多方共赢的生动局面，推进基层社会治理规范化、制度化、法治化。

学习和推广新时代"枫桥经验"，不仅要融合现代法治理念，而且要面向实际问题，推动源头治理，充分发挥各方主体的积极作用，建立基层党组织领导，基层综治中心、派出所、基层调解委员会、村委会的对接机制，实现矛盾纠纷三级筛查。此外，通过广纳乡贤能人，成立矛盾调解员队伍，建立调解员运行、奖惩机制，就地化解矛盾纠纷。通过建立基层治理的多元主体协同解决纠纷机制，实现基层社会多元主体的协同治理。

总之，党的十八大以来，习近平总书记就坚持和发展新时代"枫桥经验"作出了一系列重要指示，为我们坚持党的群众路线，紧紧依靠群众去探索创新，正确处理好人民内部矛盾，努力为中国式现代化建设创造安全稳定的社会环境提供了根本遵循。基础不牢，地动山摇。基层治理是党的执政之基、力量源泉，只有把基层党组织建设强、把基层政权巩固好，中国特色社会主义的根基才能牢固。我们要学习好、推广好新时代"枫桥经验"，筑牢基层善治根基，以治理创新为动力，逐渐完善基层治理机制，努力将矛盾解决在基层、化解在萌芽，为推进中国式现代化、全面建设社会主义现代化国家作出更大贡献。

《光明日报》(2023 年 11 月 16 日第 6 版)

准确把握新时代"枫桥经验"的时代内涵和实践价值

李　明　梁玉柱

党的二十大报告提出，在社会基层坚持和发展新时代"枫桥经验"，完善正确处理新形势下人民内部矛盾机制。今年是毛泽东同志批示学习推广"枫桥经验"60周年，也是习近平总书记指示坚持和发展"枫桥经验"20周年。9月20日习近平总书记来到"枫桥经验"发源地枫桥镇考察时指出，"要坚持好、发展好新时代'枫桥经验'，坚持党的群众路线，正确处理人民内部矛盾，紧紧依靠人民群众，把问题解决在基层、化解在萌芽状态"，这一重要讲话为坚持好、发展好新时代"枫桥经验"确立了行动指南。

深入理解新时代"枫桥经验"的内涵

习近平总书记在浙江枫桥镇考察时的重要讲话，从历史唯物主义和唯物辩证法的视角，全面阐述了坚持好、发展好新时代"枫桥经验"的核心要旨。

"坚持党的群众路线"。群众路线是党的生命线和根本工作路线。为正确处理人民内部矛盾，党依靠干部群众创造了"枫桥经验"，并推向全国，这是党对群众创举的肯定和升华，最终是"把党的正确主张变为群众的自觉行动"。"枫桥经验"遵循"从实践中来，到实践中去"的认识规律，发挥群众识别矛盾的敏锐性和解决矛盾的能动性，体现了社会治理中党的领导地位与群众主体地位的高度统一。

"正确处理人民内部矛盾"。"枫桥经验"从产生到推广，从不断发展到持续升华，都体现了对人民内部矛盾的正确处理。毛泽东同志曾指出，"正确处理人民内部矛盾"要区分敌我矛盾和人民内部矛盾，"人民内部矛盾是非对抗性矛盾"，要采取"团结—批评—团结"的方法解决。"枫桥经验"坚持以人民为中心的立场、以和为贵的思想、以说服教育为主的方法，确保了处理人民内部矛盾时促和谐、求稳定、谋发展的正确方向。

"紧紧依靠人民群众"。人民群众是物质财富生产者、精神财富创造者和社会变革的决定力量。20 世纪 60 年代，枫桥在社会主义教育运动中创新方式，坚持少捕人、矛盾不上交，依靠群众就地改造"四类分子"；20 世纪 80 年代，各地为打击刑事犯罪，施行融打、防、教、管于一体的社会治安综合治理；新时代，广泛建立的基层治理组织、矛盾调处中心，都是由群众作为重要主体和矛盾化解的承担者。"枫桥经验"充分体现了"紧紧依靠人民群众"进行社会矛盾纠纷预防调处化解的工作原则。

"把问题解决在基层"。基层是社会的细胞，是构建和谐社会的基础。基础不牢，地动山摇。可以说，基层既是产生利益冲突和社会矛盾的"源头"，也是协调利益关系和疏导社会矛盾的"茬口"。党的二十大报告将新时代"枫桥经验"的工作场域定位在社会基层，并把解决基层矛盾和冲突作为重要工作机制。

"把问题化解在萌芽状态"。矛盾从产生到解体过程分为非对抗、平衡、对抗、激化等四个阶段。"化解在萌芽状态"就是根据矛盾演化逻辑，主动分析风险点，提前介入矛盾过程，防止矛盾无序演化，把矛盾化解在非对抗或平衡阶段。20 世纪 90 年代，枫桥干部群众创立"四前工作法"，即组织建设走在工作前、预测工作走在预防前、预防工作走在调解前、调解工作走在激化前；21 世纪初又发展为"四先四早"，即预警在先，苗头问题早消化；教育在先，重点对象早转化；控制在先，敏感时期早防范；调解在先，矛盾纠纷早处理，皆为根据矛盾阶段确立工作目标的创举。

正确认识基层治理面临的新情况新问题

2013 年 3 月 1 日，习近平总书记在中央党校建校八十周年大会暨开学典礼上发表的重要讲话中指出，"全党面临的一个重要课题，就是如何正确认识和妥善处理我国发展起来后不断出现的新情况新问题"。正确认识不断出现的新情况新问题，是坚持好、发展好新时代"枫桥经验"的前提和基础。

矛盾主体发生变化。一是城乡人口比重变化。按常住人口计算，"枫桥经验"形成的 1963 年，我国城镇化率为 16.84%；改革开放初的 1978 年，我国城镇化率为 17.92%；2022 年则攀升到 65.22%。随着大量人口向城市集聚，农村居民急剧减少，农村出现"空心化"现象。二是城乡人口构成日益复杂化。以往我国社会人口的身份较为单一，多为工人、农民、干部等类型。当前，仅从统计视角就可以分为 8 个大类、1800 多个细类。三是人员流动性剧增。随着信息、交通、物流等的快速发展，户籍制度逐渐弱化，"人户分离"现象较为普遍，"熟人社会"逐渐变为"陌生人社会"。观念冲突时有发生，管理缺位难免出现，实现"小事不出村、大事不出镇"面临不少新情况新挑战。

矛盾客体有所调整。当前我国社会主要矛盾已经转化为人民日益增长的美好生活需要和不平衡不充分的发展之间的矛盾。美好生活需要不仅对物质文化生活提出更高要求，而且在民主、法治、公平、正义、安全、环境等方面的要求日益增长。主要表现为矛盾数量增多、矛盾类型多样、矛盾诉求多元。除传统的婚姻、家庭、财产类矛盾纠纷外，经济、劳资纠纷比例增大，房地产征收类、邻避类事件时有发生，生产安全、城市安全问题突出。人们不再停留在对矛盾的一般性调纷止息，还日益增加诸如信息公开、敏捷治理、行政回应、程序公正、公众参与等多元诉求。

矛盾环境经历变迁。一是经济发展环境的变化。20 世纪 60 年代，浙江省诸暨市枫桥镇在社会主义教育运动中创造了"枫桥经验"。与 60 年前相比，今天的经济社会发展变化巨大，经济纠纷、生态环保纠纷、互联网纠纷等新矛盾不断涌现，如何在不断创新中坚持好、发展好新时代"枫桥经验"，成为各地各部门面临的新课题。二是人际交流环境的变化。习近平总书记指出，过不了互联网这一关就过不了长期执政这一关。互联网的发展使得人们交流或者交往方式发生变化，线上线下的结合带来了治理的变革。当前，全国网上信访量已占信访总量的七成以上。同时，网络容易产生"信息茧房"效应，形成新的矛盾场域，导致偏见固化、信息失真、矛盾叠加、冲突加剧等问题的出现。三是制度环境的变化。我国现行有效法律有298件、行政法规600余部，地方性法规规章数量庞大，各类技术标准、规范性文件也十分完备。与60年前相比，基层治理更加"有法可依"，但也对具体工作提出更高要求，如何在更细密的制度框架内、在合法合规的前提下坚持好发展好新时代"枫桥经验"，成为基层治理面临的新情况。

统筹处理好若干辩证关系，以"枫桥经验"完善基层治理

坚持好、发展好新时代"枫桥经验"，对我们推进中国式现代化、不断提升基层治理体系和治理能力现代化具有重要意义，在具体实践工作中须重点处理好以下几个辩证关系。

处理好坚持党的领导和激发群众积极性、主动性、创造性的辩证关系。坚持和发展好新时代"枫桥经验"，必须坚持党的群众路线，推进党建引领基层治理，加强基层党组织建设，加强党员领导干部下访、下沉、接访等工作。提升党对政府依法行政监督工作，开展社会理性空间培育工作，建立矛盾调解以及处理突发性事件的全方位协同机制。同时，发挥基层多元治理优势，建设社会治理共同体。在治理基础方面，进一步完善网格管理、精细服务、信息支撑的基

层治理平台；在治理方式方面，构建自治、法治、德治、智治相结合的多重有效机制。

处理好新时代"枫桥经验"的普遍性和特殊性的辩证关系。新时代"枫桥经验"超越了"枫桥镇的经验"，也突破了"社会治安的经验"，从"一地之计"上升到"一国之策"，从"平安浙江"升华为"平安中国"，坚持好和发展好新时代"枫桥经验"，既要坚持普遍性，紧紧抓住核心内涵、突出特点、根本特征、鲜明特色等要义，也要结合特殊性，努力做到有亮点、有特色、有创新、有活力。比如，辽宁沈阳牡丹社区的"三零"工作法、福建明溪县的"侨乡枫桥"解纷工作法、四川成都武侯区的"信托制"解纷工作法、南京海事法院等 11 家单位的"海上枫桥经验"实践探索、青海海东市服务"拉面经济"的跨域矛盾纠纷调解等，这些创新做法既坚守了"枫桥经验"的普遍性，也立足地域、行业的特殊性，是对"枫桥经验"的坚持和发展，有助于"以新安全格局保障新发展格局"，确保经济稳定发展和社会长期稳定。

处理好依法治理和综合施策的辩证关系。新时代"枫桥经验"应善于运用法治思维和法治方式解决涉及群众切身利益的矛盾和问题。在规则确立方面，对群众诉求表达、利益协调、权益保障进行维护，保护新社会群体的利益；在规则执行方面，加大力度采用矛盾引导、疏导、调解、仲裁等方式；在监督检查方面，完善检察建议、司法建议、监察建议、溯源治理等预防性措施。同时，做到综合施策。"枫桥经验"发展到今天，最重要的成果和最鲜明的特色是实现了自律和他律、刚性和柔性、治身和治心、人力和科技相统一。应善于利用多种有效治理手段和工具，明晰群众自治边界，完善议事规则和流程，发扬"讲信修睦、亲仁善邻"的中华优秀传统文化，突出道德在社会基层治理中的示范、教化作用，发挥技术手段的支撑作用，真正实现"自治、法治、德治、智治"四治融合。

处理好防范化解矛盾中的应急处置和常态管理的辩证关系。"枫桥经验"不断被赋予全新功能，但维护社会长期稳定一直是其重要目标。新时代坚持和发展好"枫桥经验"，必须准确把握矛盾演化规律，强化预防意识，推进关口前移，第一时间掌控矛盾状态，做好应急处置工作。同时，加强风险的常态管理、韧性治理。日常应加强与群众的沟通交流，畅通群众诉求表达渠道，定期研判社情民意，建立"应急第一响应人"制度，做到见微知著。善于发挥网络和人工智能的技术支撑作用，加强监测预警平台和机制建设，强化风险分析评估，让"平台多跑数，群众少跑路"，把问题化解在萌芽状态。

处理好线上网络空间和线下现实空间的辩证关系。习近平总书记指出，"各级党政机关和领导干部要学会通过网络走群众路线，经常上网看看，潜潜水、聊聊天、发发声，了解群众所思所愿，收集好想法好建议，积极回应网民关切、解疑释惑"。一些地方创新形成的"有事网上办，纠纷平台断，安全保发展，服务常在线"的网上"枫桥经验"，充分发挥了互联网在收集民意、发挥民智、智能监控、自动预警等方面的优势和功能，是"走好网上群众路线"的积极形式。新时代，应积极有序引导互联网参政议政的渠道建设，发挥"城市留言板""民情在线"及各类"两微一端"平台的社会治理功能，调动人们通过网络参与社会治理的积极性。加强线上线下工作相结合，提升网上矛盾化解能力和网络安全治理能力。

《光明日报》（2023 年 11 月 17 日第 6 版）

深化对新时代"枫桥经验"的认识

钱弘道

"枫桥经验"是在党的领导下发动和依靠人民群众就地化解矛盾的方法，历经不同时期，适应各种矛盾变化，表现出了强大的生命力。党的十八大以来，习近平总书记就坚持和发展新时代"枫桥经验"作出一系列重要指示，各地认真贯彻落实习近平总书记重要指示精神，紧紧依靠群众探索创新，使"枫桥经验"在新时代不断丰富发展，为中国式现代化建设创造安全稳定的社会环境。新时代新征程，我们要坚持好、发展好新时代"枫桥经验"，书写一个个基层治理的鲜活故事，铺就一座座沟通党心民心的连心桥，持续推进国家治理体系和治理能力现代化，为中国式现代化提供有力支撑。

新时代"枫桥经验"是全过程人民民主的生动实践

发展全过程人民民主，是中国式现代化的本质要求，是实现中国式现代化、全面建设社会主义现代化国家的重要制度保障。新时代"枫桥经验"生动地展示了中国式现代化的人民民主内涵,是全过程人民民主行之有效的表现方式。

新时代"枫桥经验"从本质上讲就是坚持一切以人民为中心、充分发挥人民群众主体力量的全过程人民民主经验。新时代"枫桥经验"有效整合了实现全过程人民民主所必需的各方力量,以多元共治为基本格局。在这个多元共治格局中,党的领导是根本保证,人民主体是重要特征,多方协同是力量源泉。党的领导必须建立在人民群众广泛参与、社会各方广泛协同的基础上,人民群众是多元共治的主体力量和依靠力量。"枫桥经验"最大的特征是充分发挥人民群众的主动性。"一切以人民为中心"是新时代"枫桥经验"的核心理念;"一切为了人民"是新时代"枫桥经验"坚定不移的宗旨;"一切依靠人民"是新时代"枫桥经验"生生不息的生命源泉;"一切由人民评判"是检验坚持和发展新时代"枫桥经验"效果的根本尺度。依靠群众是"枫桥经验"生命力长久的主要原因。从各地坚持和发展新时代"枫桥经验"的实践看,党的群众路线得到有效贯彻,基层党组织与群众的关系不断得到巩固。新时代"枫桥经验"充分展现了共建共治共享的社会治理制度和全过程人民民主的优势,让人民群众成为化解矛盾纠纷的主体力量,让人民群众更广泛、更深入、更实质地参与民主协商、民主决策、民主管理、民主监督。

新时代"枫桥经验"是推进法治社会建设的重要抓手

法治是中国式现代化的基本要素,中国式现代化是在法治轨道上推进的现代化，法治是新时代"枫桥经验"的鲜明特征，新时代"枫桥经验"是推进法治社会建设的有效方法。

新时代"枫桥经验"以自治、法治、德治、智治融合为基本方法。自治是基层社会治理的"内生力"，法治是基层社会治理的"硬实力"，德治是基层社会治理的"软实力"，智治是基层社会治理的"支撑力"。新时代"枫桥经验"融入了法治元素，坚持和发展新时代"枫桥经验"，必然包括全面提升社会治理法治化水平，大力培育法治化社会环境。一方面，我们坚持和发展新时代"枫桥经验"，要善于运用法治思维和法治方式。在基层社会治理中，弘扬法治精神，扎实推进基层依法治理，形成办事依法、遇事找法、解决问题用法、化解矛盾靠法的良好法治环境。另一方面，我们把坚持和发展新时代"枫桥经验"作为推进法治社会建设的重要抓手。发动人民群众积极参与矛盾纠纷化解，积极参与法治社会建设，把推进全民守法作为基础工程，推动各级领导干部带头尊法学法守法用法，引导广大群众自觉守法、遇事找法、解决问题靠法。人民群众广泛参与的过程正是培养全社会法治意识、法治信仰和法治精神的过程。只有让人民群众真正成为法治社会的主体，全社会法治意识、法治信仰和法治精神普遍形成，才能推动中国特色社会主义法治事业蓬勃发展，用法治的进步保障亿万百姓的美好生活。

以"枫桥经验"完善基层治理

习近平总书记在枫桥镇考察时强调，要坚持好、发展好新时代"枫桥经验"，坚持党的群众路线，正确处理人民内部矛盾，紧紧依靠人民群众，把问题解决在基层、化解在萌芽状态。新时代"枫桥经验"以矛盾化解为基本内容，以平安和谐为最终目标，是提升基层社会治理水平的重要方法。新征程上，我国基层社会治理要展现新气象、实现新作为，必须准确把握"枫桥经验"的精髓要义，传承创新新时代"枫桥经验"的工作方法，打好基层治理的"组合拳"。

依靠人民群众化解矛盾纠纷是"枫桥经验"的精髓。平安是每个人的愿望，是人民群众幸福安康最基本的要求，实现善治和谐是社会治理的目标。党的十八大以来，以习近平同志为核心的党中央把平安中国建设置于中国特色社会主义事业发展全局中谋划推进。我们党在推进中国式现代化的进程中，着眼于国家长治久安、人民安居乐业和建设更高水平的平安中国，坚持和发展新时代"枫桥经验"，坚持系统治理、依法治理、综合治理、源头治理。实践不断证明，新时代"枫桥经验"是有效疏导社会情绪、化解矛盾纠纷、管控社会风险、激发社会活力、实现平安中国目标行之有效的方法。只有坚持和发展好新时代"枫桥经验"，创造和谐稳定的社会环境，才能为推进更高水平的平安中国建设作出新的更大贡献。

不断丰富发展新时代"枫桥经验"，推进基层社会治理现代化。从社会治安领域拓展至各类安全风险预警、防控机制和能力建设；从传统行业拓展至寄递物流、平台经济等新业态；从立足国内拓展至服务对外开放，创新开展涉外纠纷人民调解……"枫桥经验"不断解答时代课题，成为中国式现代化的重要治理支撑。走过一甲子，"枫桥经验"由基层社会治理的范本，上升为党领导人民推进国家治理体系和治理能力现代化的一条基本经验。新时代"枫桥经验"在实现"中国之治"中发挥了重要作用，通过无数精彩的"治理故事"，已彰显了中国式现代化的独特优势和强大活力，也必将在以中国式现代化全面推进中华民族伟大复兴进程中发挥更大的作用。

《光明日报》（2024 年 01 月 10 日第 6 版）

打造基层社会治理的样本

徐良平

"枫桥经验"是在解决社会矛盾过程中创造的，并在基层社会治理实践中不断创新和发展、延伸至基层社会治理各个领域形成的一整套行之有效的基层社会治理方案，是中国特色基层社会治理的典范。要坚持"党建统领、人民主体、三治融合、四防并举、共建共享"为主要内容的新时代"枫桥经验"，健全新时代基层治理制度体系，加快推进基层社会治理体系和治理能力现代化，走出一条具有时代特征、地方特色的县域治理现代化道路。

完善基层社会治理的体制机制

要着力健全基层社会治理制度，构建富有活力和效率的新型基层社会治理体系，最大限度地把制度优势转化为社会治理效能。

完善统领全局、协调各方的党委领导机制。真正建立起党建引领基层治理、把党的群众路线贯穿到基层治理各个环节的体制机制。

全面推行在社会组织中建立党组织、选派党建指导员、党员结对联系等制度，健全干部"返乡走亲、驻村连心、联户交心"常态化机制和"走村不漏户、户户见干部"工作机制，把党的领导贯穿于基层社会治理的全过程和各方面，使党对群众和社会组织的领导、对社会治理的引领制度化规范化。

完善条块协同、集约高效的政府负责机制。深化简政放权，整合政府资源，构建防源头、治苗头、打露头的社会治理部门联动机制。优化"基层治理四平台"和"全科网格"，将市场监管、综合执法等部门的服务管理职权和人员纳入平台和网格，构建精简高效的基层管理体制。探索情报信息联通、重大安保任务联手、重点人员联管、重大突发事件联处、突出矛盾风险联治的部门联动机制。

完善开放多元、共建共享的社会协同机制。充分发挥群众主体作用和首创精神，坚持因势利导、培育引导社会组织服务平台，推进村级社会组织标准化建设，积极引入市场化模式，创新推行政府采购和公益创投机制，开发投用社会组织党建云平台，真正让专业人干专业事、让志愿者干自愿事、让老百姓干百姓事，有效提升社会组织在基层社会治理中的参与度和贡献率。

完善人人尽责、人人享有的公众参与机制。创新群众参与社会治理的组织形式，不断拓宽群众参与社会治理的制度化渠道，更好地广纳民智、广聚民力，做到过程让群众参与、成效让群众评判、成果让群众共享，形成新时代群众路线的新路径。创新网络问政平台建设，深化文化教育、医疗卫生、环境保护、社会保障、公用事业等重大民生决策事项民意调查和听证制度，切实保障人民群众知情权、建议权、监督权、评议权。完善志愿服务机制，推广"志愿联盟"，推进"全城志愿"，不断拓展"社会治理共治圈"。

创新基层社会治理方式方法

要始终依靠群众自治就地化解矛盾，依靠法治手段公正解决矛盾，依靠德治教化制约控制矛盾，依靠心治服务源头预防矛盾，依靠智治支撑高效处置矛盾，防止矛盾扩大蔓延，实现基层社会有效治理。

依靠群众自治就地化解矛盾。"枫桥经验"重群众自治，健全以群众自治组织为主体、社会各方广泛参与的治理体系。群众主体的自治和广泛的社会参与，避免了社会治理变成政府独角戏，有效破解了"政府干着、群众看着，政府很努力、群众不买账"的难题。将坚持把基层事务决策权、管理权、监督权交给群众，推动民事民议、民事民办、民事民管，把党的政策主张变成群众的自觉行动。在健全完善村民（居）民自治的同时，推进村级社会组织标准化建设，打造一批新型的社会组织。

依靠法治手段公正解决矛盾。"枫桥经验"重法治建设，强调运用法治思维和法治方式解决涉及群众切身利益的矛盾和问题。要进一步深入推进司法体制改革，落实司法责任制，强化公正司法、严格司法、阳光司法，破解执行难的问题。优化环境污染纠纷、物业纠纷、医疗纠纷、交通事故等专调委员会和市镇两级联合调解中心及各类品牌调解室运行机制，完善多层次、社会化、全覆盖的"枫桥式"矛盾纠纷大调解体系。构建公共法律服务体系，探索信访法治化处置机制，完善信访制度，创建"零上访镇村""无诉讼村"，引导群众依法理性反映信访诉求。

依靠德治教化制约控制矛盾。"枫桥经验"重德治引领。要以全国文明城市创建为龙头，扎实推进新时代文明实践中心全国试点，构建"实践中心—实践所—文化礼堂"三级体系，实现德润人心、教化群众。实现优秀传统文化与现代治理元素有机融合。弘扬崇德向善新风，选树一批道德榜样、家风典范和文明示范，唱响向美向善的诸暨"好声音"。

依靠心治服务源头预防矛盾。要用社会心理学厚植"枫桥经验"，培育发展心理卫生协会等一批专业化的调整社会心态的社会组织，把心理学原理和方法创造性地运用于社会治理实践，建立起社会心理服务体系，不断提升社会治理的科学化与专业化水平。面向社会普及心理卫生知识，因人因时因事制宜，把心理建设与青少年教育、特殊人群教育、特殊事件处置结合在一起，构建社会心理防范体系。为培育自尊自信、理性平和、积极向上的社会心态，使群众接受潜移默化的教育，进而感化人、劝勉人、鼓舞人、警示人。

依靠智治支撑高效处置矛盾。要创造性地推动互联网大数据信息新技术与社会治理深度融合，探索"党建＋互联网＋社会治理"模式，突显"枫桥经验"新时代新特点。在全国率先建成刑事诉讼涉案财物管理中心和一体化办案系统。进一步办好互联网"线上议事厅",打造"24 小时不下班的网上政府",深入开展全国"智慧安居"建设试点,开展网上立案、在线调解,建立在线矛盾纠纷多元化解平台。

《学习时报》(2020 年 03 月 09 日第 4 版)

从四个维度理解把握新时代
"枫桥经验"

蒋熙辉

把"枫桥经验"坚持好、发展好，把党的群众路线坚持好、贯彻好，必须从历史与现实相贯通、理论与实践相结合、政治与法治相交融、国内与国际相关联四个维度深刻理解和把握，更好坚持和发展新时代"枫桥经验"。

从历史与现实相贯通维度，坚持和发展新时代"枫桥经验"必须汲取历史资源、着力现实运用

回顾历史，"枫桥经验"从"依靠群众就地化解矛盾"，到"小事不出村、大事不出镇、矛盾不上交"，再到"矛盾不上交、平安不出事、服务不缺位"，是党的群众路线在基层社会治理中的生动实践。"枫桥经验"之所以能在枫桥这样一个小乡镇诞生，离不开枫桥独特的人文传统；之所以能在中国大地各处推广，离不开中华文化重义

轻利、讲信修睦的和谐基因。依托传统注重现代、尊重历史观照现实，是"枫桥经验"保持旺盛生命力的文化密码。

百年未有之大变局下，坚持和发展新时代"枫桥经验"迎来严峻考验和战略机遇。一是矛盾新变化。新时代社会主要矛盾发生变化，人民群众对民主、法治、公平、正义、安全、环境等方面的要求日益增长，从"有没有"转向"好不好"，从量的增长转向质的提升，社会矛盾纠纷呈现主体多元化、类型多样化、关联扩散快、调解处置难等新特征。二是风险新挑战。现代社会已进入"风险社会"，社会治理现代化必须着眼于风险治理及能力建设。世界进入新的动荡变革期，我国发展面临的风险和挑战比以往更加错综复杂。经受风高浪急甚至惊涛骇浪的重大考验，必须大力提高风险预防、评估和应急处置的社会治理能力。三是技术新发展。互联网、大数据、云计算、人工智能等应用既开拓了治理的新空间，也为治理现代化提供了新动能。推动新技术应用与社会治理创新深度融合，实现数字赋能数字治理，是推进基层社会治理现代化的必然趋势。四是治理新要求。社会环境更加复杂、社会矛盾更为棘手、社会利益诉求更趋多元，势必要求治理手段迭代升级、注重刚柔相济，要求治理体系更为完善、治理制度更为健全、治理效能更为提升。坚持和发展新时代"枫桥经验"，必须适应社会主要矛盾的变化，抓住矛盾纠纷新特征，满足人民群众新需求，应对风险新挑战，拥抱科技新发展，推动实现社会善治。

从理论与实践相结合维度，坚持和发展新时代"枫桥经验"必须总结实践经验、完善治理理论

"枫桥经验"源自浙江，源自公安战线，源自治安治理。穿越60年历史时空，"枫桥经验"已经成为基层治理的一个样板、一面旗帜、一种理念。进入新时代，习近平总书记反复强调要坚持和发展新时代"枫桥经验"，加强和创新基层社会治理，切实把矛盾化解在基层，维护好社会稳定。"枫桥经验"已经拓展到城镇社区、网络空间等新领域，涌现出"红枫义警""乌镇管家""朝阳群众""西城大妈"等一大批有影响力的平安建设新名片。

守正是新时代"枫桥经验"的不变底色，走群众路线，依靠群众就地化解矛盾。创新是新时代"枫桥经验"的鲜明特征，"红枫义警"把志愿服务引入社会治理、"西城大妈"传递群防群治正能量、"网上枫桥"推动网络空间精准化治理。不应忽视的是，"枫桥经验"在学习推广中也存在模式固化、治理效能不高、智能化程度不足、助力高质量发展效果不彰等问题。社会治理的重心在基层，难点在基层，活力也在基层。践行新时代"枫桥经验"，要从实际出发，在实践中检验实效，实现创新发展。

新时代"枫桥经验"是习近平新时代中国特色社会主义思想在社会治理领域的生动实践，是历史经验与现实治理的统一、个别治理与普遍规则的统一、实践探索与理论创新的统一，必须坚持在实践基础上进行学理性的概括提炼，在推进社会治理现代化的语境下，进一步丰富和发展"枫桥经验"。

从政治与法治相交融维度，坚持和发展新时代"枫桥经验"必须强化党建引领、推动社会善治

党的二十大报告专章对"推进国家安全体系和能力现代化，坚决维护国家安全和社会稳定"进行全面部署，强调要完善社会治理体系，在社会基层坚持和发展新时代"枫桥经验"。新时代"枫桥经验"是党领导人民推进基层治理现代化的重要探索，已经从社会治安治理领域拓展到经济、政治、文化、社会、生态文明建设等领域。法治是现代社会治理的基本方式，新时代"枫桥经验"法治化是社会治理现代化的题中之义。把"枫桥经验"坚持好、发展好，要求运用法治思维、法治方式推进"枫桥经验"法治化，完善地方立法和乡规民约，实现硬法软法的协同治理。

坚持和发展新时代"枫桥经验"，既要在全面依法治国战略部署下推动实现良法善治，更要从建设更高水平的平安中国、以新安全格局保障新发展格局的角度，实现高质量发展与高水平安全良性互动，夯实国家安全和社会稳定基层基础，为全面建设社会主义现代化国家、以中国式现代化全面推进中华民族伟大复兴创造安全稳定的政治社会环境。一是走好新时代党的群众路线。纵观"枫桥经验"60年发展历程，坚持以人民为中心是内核和精髓。必须始终坚持人民至上，聚焦群众急难愁盼，办好群众"关键小事"，既要敢于"面对面"，也要善于"键对键"，用脚板丈量民意，用键盘了解民意，通过线上线下的有机结合、用工作实绩实效来赢得人民群众的信任满意。二是共建共治共享提升治理效能。共建共治共享是新时代"枫桥经验"的发展方向和基本格局。充分发挥治理各方的主动

性积极性，推动党委、政府、市场、社会、个体协力共建、多元共治，健全自治法治德治相结合的城乡基层治理体系，加快推进市域社会治理现代化，强化社会治安整体防控，发展壮大群防群治力量，建设人人有责、人人尽责、人人享有的社会治理共同体，不断增强社会治理的协同性、整体性、实效性，做到治理过程让群众参与、治理成效让群众评判、治理成果让群众共享，使人民获得感、幸福感、安全感更加充实、更有保障、更可持续。三是发挥党建引领作用。党的领导贯穿改革发展稳定各领域全过程，是坚持和发展新时代"枫桥经验"的根本保证。必须充分发挥党建引领特别是基层党组织的战斗堡垒作用，推动基层党建与基层治理有机衔接，把党组织的服务管理触角延伸到基层治理的神经末梢，确保党的全面领导落实到基层社会治理，引领基层治理、保障基层治理、提升基层治理，及时把矛盾纠纷化解在基层、化解在萌芽状态，构建既充满活力又和谐有序的社会。

从国内与国际相关联维度，坚持和发展新时代"枫桥经验"必须注重实践创新、分享治理智慧

一个国家或地区选择什么样的治理模式必须基于历史传统、制度背景和文化土壤。衡量治理的好与坏要看是否促进经济增长、社会安定和人权保障，要看人民群众的获得感、幸福感、安全感是否有效提升。发展中国家在追求自身现代化的道路上，如果没有正确的理论指引、没有找到适合的道路，容易陷入经济发展缓慢与社会持续动荡的恶性循环。中国式现代化破解了"亨廷顿悖论"，为发展

中国家实现现代化廓清了理论迷雾、提供了实践镜鉴。

新时代"枫桥经验"坚持以预防为基点构建风险防控新体系、以党建为引领筑牢和谐稳定新防线、以人民为中心打造社会治理新格局、以善治为目标创新基层治理新模式，把活力与秩序、维稳与维权有机结合，走出了一条基层治理新模式，为新形势下续写经济快速发展和社会长期稳定两大奇迹创造了有利条件。新时代"枫桥经验"充分彰显了中国特色社会主义的道路自信、理论自信、制度自信、文化自信，为发展中国家推进社会治理现代化提供了全新选择。我们要加快构建中国话语和中国叙事体系，扎根中国大地、融通中外文化，讲好"枫桥经验"背后的枫桥故事、讲清其蕴含的道理学理哲理，为世界各国特别是发展中国家提供基层治理的"中国方案""中国经验"和"中国智慧"。

《学习时报》（2023 年 04 月 24 日第 3 版）

"枫桥经验"的程序法治意义

刘荣军

"枫桥经验"历久弥新，在新时代仍然能够展现其旺盛的创造力和生命力，除了政治因素、文化因素以及特殊的区域因素之外，还与其程序化因素密切关联。

仔细温习习近平总书记就坚持和发展"枫桥经验"作出的重要指示，就会发现，党的群众路线是"枫桥经验"的核心，而法治思维和法治方式是贯彻和落实党的群众路线的重要思维方式和处理纠纷方法。进一步说，"枫桥经验"本身并非在规范的范围之外形成，而采取的是一种"非司法""非诉讼"的方式处理纠纷和矛盾。这恰恰是"枫桥经验"的可贵之处。不过，在以往关于"枫桥经验"的总结之中，"枫桥经验"中蕴含的程序法治思想和程序法治思维的论述甚为鲜见。笔者以为，在"枫桥经验"的多元化纠纷治理体系中，程序性思维占据了一定的地位。对之加以阐释，或许能够加深对"枫桥经验"的认识。

纠纷解决体系中的"枫桥经验"及其纠纷解决方式的选择

在以往的研究中，学者们习惯地将纠纷解决体系作同心圆的勾画，将诉讼和司法视为纠纷解决体系的核心，在其外围是仲裁，在仲裁之外是调解，再之外是斡旋、沟通、自治等等纠纷解决方式。而在当下的议论中，有学者将纠纷解决体系视为平行的机制，即排除了司法和诉讼中心论，认为诉讼与其他纠纷解决方式并非隶属关系或者孰轻孰重的关系，而是并行的关系。在当事人的选择中，哪种方式更适合于解决他们的纠纷，他们当然要基于自己的利益支配选择合适的解决纠纷方式。从这一角度看，在浙江诸暨的枫桥地区形成的"枫桥经验"，当地的党委和政府基于群众的诉求以及党建路线，有意识地推动并尊重群众选择诉讼以外的方式处理纠纷和矛盾，恰恰是我们当下推崇的法治意义上的纠纷解决选择权行使的体现。

事实上，无论是枫桥还是中国其他地区，受中华文化中和合因素影响，在纠纷解决中，选择诉讼外的方式解决纠纷往往是最佳选择。在当代学者朱苏力教授的研究中，他用福柯的理论将人们的社会关系划分为熟人社会与陌生人社会，认为在熟人社会中人们选择非诉讼方式解决纠纷较为常见，而在陌生人社会中诉讼方式解决纠纷则更为多见。当然，在偶发性、间断性的社会关系中，由于纠纷当事人的利害关系维系度较低，因此相互理解和相互利益让步的可能性也较小。但是实际上，在中国的社会关系发展中，陌生人之间建立联系的渠道多种多样，其中，通过熟人关系牵线搭桥建立的关系最为常见，这就是熟人社会关系外溢所形成的新的外延性熟人关系。"枫桥经验"中的纠纷解决方式，也正是借用了熟人关系和外延性熟人关系所提供的社会关系条件。而"枫桥经验"正是顺应时代的变化，创新群众工作方法所催生的新型纠纷处理方式，毫无疑问也具有程序的意义。

"枫桥经验"体现的程序开放性、包容性与民主性

在党的十八届四中全会作出的《中共中央关于全面推进依法治国若干重大问题的决定》中，司法的程序民主性及其衍生的开放性和包容性是司法改革的主题。众所周知，党的全面依法治国的总体战略中，以人民为中心乃是司法的重要理念，而其核心内容当然是程序的民主、开放和包容。如果能够理解纠纷解决体系中司法程序具有的民主价值与程序的开放、包容的意义，可能对"枫桥经验"中不同纠纷解决程序的相互开放和包容，相互作用和补充、相互享有和促进的意义会有更深刻的认识。

"枫桥经验"中的重要一条，是在党的领导下，基层政权与其他社会力量结合，相互利用各自的资源和方法，相互融合各自的程序，形成彼此呼应、群策群力的重要纠纷解决方式。这完全体现了程序的民主价值。在程序的民主性价值主导下，在党的组织领导下，基层政权吸收人民群众参与包括纠纷治理在内的社会治理，自然需要融合其他社会群体解决纠纷的力量及其解决纠纷的程序和方式。因此，如果缺乏程序的开放性和包容性，就没有"枫桥经验"中共治共享的纠纷治理形式的出现，也难以贯彻党的群众路线中的以人民为中心的主题。

程序开放性不仅表现为多种程序的共享，更表现为不同价值和理念的共享和融合。正是由于程序的开放性，才能形成共治共享纠纷治理体系。

多元化纠纷解决程序的实质化

记得诉讼法学界的泰斗陈光中教授在不久前的一次关于诉讼文化的研讨会上指出，中国历史上的诉讼制度中，并不缺乏调解解决纠纷的实践，缺乏的是制度。笔者对此十分赞同。坦率地说，尽管我们在构建现代司法制度的同时也并未忘记传统制度的价值和作用，因此对调解这样重要的民族解决纠纷精华也尽量放在司法制度中加以发扬光大。不过，从制度上看，由于过于注重司法（诉讼）解决纠纷的作用，往往忽视了调解等多元化纠纷解决方式的具体制度构建。因此，在多元化纠纷解决诸种制度中，大多缺乏实质性内容。

而新时代的"枫桥经验"中，社会矛盾和纠纷的预防和处理体系发挥了重要作用。为了实现"矛盾就地解决""矛盾不上交"的纠纷治理目标，形成了以下防治纠纷程序：

首先，纠纷预防的前沿防御程序和工作下沉程序。在形式上表现为通过下沉式工作方式要求基层干部深入群众了解群众的生产生活情况，避免因为日常的矛盾衍生纠纷，实质上通过对社会关系的把握和调整，组织群众构建预防纠纷形成和发生的第一道防线，深层次的工作是将群众的要求反映给党和政府，通过调整党的政策和方针使之能够满足群众的需求，避免矛盾源的形成。

其次，纠纷状态反馈程序。在"枫桥经验"的当代发展中，可以看见，网格化的纠纷信息收集网络和反馈平台广泛开发及构筑，对纠纷的源头形成和初始状态形成及时、有效的反馈机制。这种看似形式化的管理，实质上可以称之为纠纷状态反馈程序，而其所发挥的作用，对于纠纷处理系统早期把握纠纷生成的形态，生成原因要素具有重要的意义。

再次，纠纷处理过程的对应机制的构建。包括接触机制、沟通机制、对话机制、说理机制、中立评价机制、利益平衡机制等等，这些看似十分平常的机制，在纠纷解决学上被称为"纠纷解决合意机制"。而在当下的多元化纠纷解决制度中，这些机制并未得到正式的认可，也未形成法律意义上的程序。

司法的加入与纠纷解决程序的制度化

2022 年，最高人民法院通过典型案例的发布，表明了建设枫桥式人民法庭以服务于国家的乡村振兴战略的决心。其中的核心内容是以积极司法形式融入基层社会治理，尤其是突出诉源治理和纠纷治理的法治化内容。最高法强调的"融入"基层社会治理，是对"枫桥经验"的认可，也是为"枫桥经验"中的枫桥治理贡献司法力量。

通过最高法的经验介绍，司法融入国家和社会纠纷治理体系，通过实质性化解矛盾、解决问题，把诉调对接的"调"再向前延伸，促进实现"抓前端、治未病"，达成办理一案、治理一片的效果。注重纠纷的源头治理和案结事了，是司法融入国家和社会纠纷治理体系的重要目标，也是"枫桥经验"在司法机制上的延伸。通过司法程序延伸适用"枫桥经验"，对于"枫桥经验"中蕴含的法治思维和程序思维的升华具有重要的意义。

《法治日报》(2023 年 12 月 29 日第 7 版)

把握新特点　彰显新优势

丁光飞

　　自 20 世纪 60 年代初诞生以来，"枫桥经验"始终历久弥新、保持了强大的生命力。"枫桥经验"60 年发展历程，始终遵循"变与不变"的基本逻辑，"在党的领导下，依靠群众、发动群众、组织群众，把矛盾解决在基层，解决在萌芽状态"的核心内涵始终不变。同时，根据不同时期社会矛盾的发展变化，"枫桥经验"在目标任务、内容范畴以及具体体制机制、方式方法上不断与时俱进，形成特色鲜明的时代内涵。当前，新时代"枫桥经验"的实践运用和创新发展必须坚持守正创新，既要传承好"枫桥经验"始终不变的本质内涵，又要结合新形势、新任务，努力体现新特点、彰显新优势。

　　一是突出治理体系整体性，充分彰显党全面领导的体制优势。在利益多元、矛盾多发的复杂社会背景下，实现矛盾不上交面临诸多困难挑战，传统层级分明、条块分割的管理体制弊端不断显现，基层社会治理行政化、碎片化问题较突出。坚持和发展新时代"枫桥经验",必须强化党的全面统一领导,着力构建党建统领、整体"智治"的基层社会治理格局,推动组织优势转化为治理胜势。要持续实施"县乡一体、条抓块统"改革,通过"支部建在小区上"、完善三级网格体系等,推进组织建设与社会治理深度融合。以深化"141"平台体系建设为牵引,迭代升级市级社会治理中心,推进乡镇(街道)综合信息指挥室建设,构建"镇村一体、条块联动"的基层指挥调度体系,实现县(市、区)、镇、村(社区)、微网格基层治理力量上下贯通。完善社区契约化共建机制,推动"1+3+N"的网格建设模式,探索形成由党支部牵头抓总体、业委会和物业协同配合、小区各主体多元参与的现代社区治理新格局,在不同层面上推进部门与部门、政府与社会、社会与群众等多向协同,实现组织关系由线性联系向交互网络转变,业务流程从条条分割向块块融合转变。不断强化党的建设"五大引领"工程,使党的全面领导、党组织战斗堡垒作用和党员先锋模范作用贯穿到基层社会治理全领域、各层面,为发挥整体性治理体系机制优势提供坚强组织保障。

二是突出治理目标全面性,充分彰显人民至上的价值优势。进入新时代,人民对美好生活的需要不断升级,人民内部矛盾呈现新特点、新情况。坚持和发展新时代"枫桥经验",必须强化人民至上理念,坚持把人民幸福安康作为推动高质量发展的最终目的,基层治理目标取向从注重结果向过程和结果并重转变,从强调维护稳定保障发展向全面统筹发展和安全转变。要深入推进平安建设,构建安心、舒心、放心的社会环境,不断满足人民群众在民主法治、环境生态等各方面的需求。坚持"通过发展来解决发展中的问题",推动"枫桥经验"和"千万工程"深度融合，全面推进党建引领"共富工坊"建设，通过闲置土地流转、低效资源活化等方式，推动农民就业、企业增效、集体增收，不断夯实基层善治经济基础。坚持"服务是最好的治理"理念，推进城乡公共服务均等化，优化爱心食堂、关爱基金运行服务机制，全面推进共享社区建设，加强老旧社区服务设施改造更新，完善社区服务、社会服务、志愿服务等融合一体的"共富网格"，切实增强基层群众获得感、幸福感、安全感。

三是突出治理方式复合性，充分彰显德法并举的路径优势。"礼法并用""刚柔并济"是传统中国社会重要的治理理念和方式。随着城市化、市场化不断加速，人们调整规范利益关系、处理解决矛盾纠纷的方式方法也在不断演进，对法的刚性治理和德的柔性治理都提出了新的要求。坚持和发展新时代"枫桥经验"，必须坚持"法安天下，德润人心"，践行以人为本的核心理念，确立以法治思维和法治方式解决矛盾问题的工作导向，厚植道德教化治理土壤，充分发挥法治德治互补融合的治理优势。要全面推行镇街涉法事项合法性审查制度，实施行政重大事项决策风险评估机制，筑牢依法决策"防火墙"。推进"大综合一体化"行政执法改革，完善"双随机"执法监管"首发响应"机制，推广首违不罚、轻微违法告知承诺制等"暖心"执法方式，努力实现法、理价值最大"公约数"。以县（市）镇村（社区）三级社会治理中心为枢纽阵地，不断完善基层矛盾纠纷闭环解决机制，搭建集接访、调解、诉讼、仲裁、行政复议和法律援助等服务于一体的法治化集成平台，推动人民调解、行政调解、司法调解衔接联动，形成多层次、社会化、全覆盖的"枫桥式"矛盾纠纷大调解体系。持续深化习近平新时代中国特色社会主义思想宣传普及，持续夯实文化阵地，全面改造提升乡镇（街道）综合文化服务站和农村文化礼堂，推进新时代文明实践中心（站、所）建设。充分发掘红色教育资源，当好"红色根脉"守护者、传承者，持之以恒深化移风易俗，通过建立互助共享平台和开展公共文化活动，重塑乡村公共精神，实现法治德治相互促进、相得益彰。

四是突出治理主体多元性，充分彰显协同共治的效能优势。基层事务复杂化、居民诉求多样化增加了社会治理难度系数，要更加畅通基层社会治理多主体参与渠道，完善多主体协同机制，实现"专职专业"和"群防群治"协同共治效能最大化。坚持和发展新时代"枫桥经验"，必须充分发挥专群结合治理优势，自上而下积极推进组织下延、重心下移、资源下倾，增强公共服务精准性、可及性；自下而上充分调动基层群众、社会组织积极性、创造性，增强社会治理集约性、有效性。要坚持强基培元、大抓基层的鲜明导向，持续推进强街优社、强网壮格，推动镇街、村社架构重组、层级精简、高效运作，全域推进"枫桥式"系列创建，优化基层社会治理力量配置，进一步筑牢基层社会治理压舱石。升级迭代民主治村标准化机制，推行重大事务、日常事务、应急事务"三事分议"等基层民主议事协商机制，形成"民意引导决策、权力阳光运行"的基层民主管理新局面。构建"定向孵化、购买服务、流程监管、绩效评估"社会组织市场化培育工作闭环，推广"村民说事"等群众自治和"义警组织"等参与社会治理的经验做法，有效吸纳"两代表一委员"、法律顾问、志愿者、乡贤等多元主体充实基层社会治理力量，探索政府职能部门主导、多方参与的"枫桥式"护企优商模式，实现政府治理和社会调节、居民自治良性互动。

五是突出治理手段科技性，充分彰显科技赋能的精准优势。随着科学技术的进步，在社会治理特别是风险防控方面，技术防控的"火眼金睛"和数字化应用的"精密智控"优势越来越明显。坚持和发展新时代"枫桥经验"，要坚持人力与科技相统一，主动顺应时代进步和技术发展趋势，坚持以数字化改革为牵引，构建全链条管控闭环，提升各类矛盾风险的感知、分析、预警和处置能力，实现源头防范、精准管控。要推进"公安大脑"等信息化体系建设，实施视频监控"雪亮工程"、信息感知"铁桶工程"、数据分析"利剑工程"，充分运用人脸抓拍、道闸联动、轨迹追踪等技术，不断强化风险识别、分析、监测、预警全过程闭环管控。探索建设实有人口全息感知平台等开放式网络系统，汇聚政务警务数据，完善电信网络诈骗、校园安全等预警模型功能，有效提升安全防护能力。完善网络安全"智治"应用，有效解决底数不清、预警不足、监管不到位等问题，提升各类网络风险防范能力，使"抓早抓小抓苗头"源头治理方式向全流程闭环管控迭代，不断丰富新时代"枫桥经验"的时代内涵和实践价值。

《民主与法制时报》（2023 年 09 月 14 日第 6 版）

学术圆桌

新时代"枫桥经验"的核心要义

张文显

时常有人提问：什么是"枫桥经验"？如何准确把握新时代"枫桥经验"？根据党的十八大以来，习近平总书记关于新时代"枫桥经验"的重要论述，党的十九大报告，十九届四中全会决定，十九届五中全会决定，以及党中央、国务院若干重要文件中关于新时代"枫桥经验"的表述，可以将新时代"枫桥经验"的核心要义，概括为五大方面。

以人民为中心，是新时代"枫桥经验"的政治本质

新时代"枫桥经验"的灵魂，在于以人民为中心，本质在于人民主体性。以人民为中心的思想，赋予"枫桥经验"本质特征，赋予"枫桥经验"历史内涵、时代内涵。实现好、维护好、发展好最广大人民的根本利益，是"枫桥经验"的灵魂所系、本质所在，生命力所依。随着我国社会主要矛盾的深刻变化，人民群众对社会治理、平安建设、法治建设的需求也发生许多新的变化，相应地，治理的主体、治理的方

▎学术圆桌 ●

式也在发生转变，但坚持以人民为中心，一切为了群众、一切依靠群众，始终是"枫桥经验"不变的初心。

以人民为中心，是中国共产党成立以来矢志不渝的宗旨和初心，是新中国成立以来一以贯之的发展理念，也是新时代推动人的全面发展和社会全面进步的根本遵循，也必然是社会治理领域的核心理念和价值根基。习近平总书记指出："创新社会治理，要以最广大人民根本利益为根本坐标，从人民群众最关心最直接最现实的利益问题入手""加强和创新社会治理，关键在体制创新，核心是人""一切治理活动，都要尊重人民主体地位，尊重人民首创精神，拜人民为师。"这些重要论述，就是对以人民为中心的社会治理理念的精辟阐释。

社会治理为了人民。新时代的社会治理必须始终坚守人民立场，把实现好、维护好、发展好最广大人民根本利益作为社会治理的根本目的，把体现人民利益、反映人民意愿、维护人民权益、增进人民福祉作为社会治理的出发点和落脚点，在社会治理的每个环节和各个方面都应回应人民最迫切的愿望、解决人民最急迫的问题、关心人民最切身的感受。在社会主要矛盾深刻变化的新时代，人民对社会治理有了新关切新要求新期待，现阶段社会治理体系和能力难以充分满

学术圆桌

足人民对美好生活的向往正是社会主要矛盾的影射。因而，提高社会治理水平的关键和唯一秘诀就在于，着力解决人民群众最关切的民生保障、公共安全、公平正义、安居乐业、和谐稳定、生态宜居等社会问题，这正是"社会治理为了人民"应有之义。社会治理必须坚持人民需求居首、人民利益为先的决策意识，坚持以人为本、治理为民的工作导向，推进人的全面发展、社会全面进步、人民美好生活三位一体实现。

社会治理依靠人民。人民是社会治理的主体，是社会治理现代化的根本力量。坚持党的领导和坚持人民主体地位，是社会治理的根本原则。在党的领导下，充分尊重人民的主体性和民主自治能力，让人民群众通过各种途径和形式参与社会治理，是人民民主的突出特征和显著优势。社会治理必须紧紧依靠群众，不断塑造和培养社会治理尤其是基层社会治理的内生动力，真正让人民群众成为基层社会治理的主体力量。要把党的群众路线贯彻到社会治理全部活动之中，挖掘群众当中蕴藏的社会治理智慧和能量，把更多社会治理资源和力量交给与老百姓最贴近的基层组织去做，增强基层组织在群众中的影响力、号召力和治理能力。同时，要充分发挥群众自我教育、自我管理、自我约束的自治力量，鼓励和

学术圆桌

支持市民、村民及各行业、各组织开展多元合作和协同共治，共同应对社会问题、化解社会矛盾。

社会治理成果由人民共享。社会治理为了人民、依靠人民，社会治理的成果必然由人民共享、由人民检验。人民群众是一切社会治理活动的感受者和评判者，社会治理成效如何，最根本的取决人民的获得感、幸福感、安全感如何，取决于人民是否得到了真实惠、真利益、真满足。社会治理成果要最大可能实现全面覆盖，让最广大的群众受益、在最长的时期有效、往最精细的地方发力。党的十九届四中全会决定指出，"推动社会治理和服务重心向基层下移，把更多资源下沉到基层，更好提供精准化、精细化服务"，正是要实现社会成果由人民共享。同时，人民群众共享社会治理成果，不是一个被动的接受过程，各级党委和政府要定期或不定期地开展以人民群众满意度为指标的评估、论证，及时听取人民群众意见，及时调整社会治理内容和方法，不断提高社会治理的质量和效果，让人民在社会治理中得到实实在在的好处。

社会治理应着眼于解决人民最盼最急最忧的突出问题。社会治理必须坚持问题导向，"坚持把人民群众的小事当作自己的大事，从人民群众关心的事情做起，从让人民群众满

·学术圆桌·

意的事情做起",把社会治理实践切实转化成创造人民美好生活的实践。当前,社会领域的突出问题有三个:一是社会治安和公共安全问题;二是环境整治和生态文明问题;三是公共服务供给不足、质量不高、分享不均问题。党的十九届四中全会决定提出完善社会治安防控体系、健全公共安全体制机制、实行最严格的生态环境保护制度、严明生态环境保护责任制度、创新公共服务提供方式、完善覆盖全民的社会保障体系等,正是抓住了社会治理的要害问题。这些问题的解决,离不开科学的制度创新,离不开高效的治理能力,更离不开社会治理共同体的合力。必须把制度、实践统一到"人"上来,这正是以人民为中心的深意所在。

发动和依靠群众就地解决矛盾,是新时代"枫桥经验"的"真经"

"枫桥经验"诞生之初,就是发动和依靠群众就地解决矛盾的经验。毛泽东同志认为"枫桥经验"回答了两个问题:一是群众是怎样懂得这样做的,二是依靠群众办事是个好办法。这两点道出了群众工作的精髓,相信群众、依靠群众,唤起群众的自觉,激发群众的力量,才能化解矛盾、破解难题,实现长治久安。习近平总书记也是将"枫桥经验"和党

学术圆桌

的群众路线，放在一起来思考的。在对纪念毛泽东批示"枫桥经验"50周年大会作出的重要批示中，习近平总书记要求各级党委和政府要充分认识"枫桥经验"的重大意义，发扬优良作风，适应时代要求，创新群众工作方法，善于运用法治思维和法治方式解决涉及群众切身利益的矛盾和问题，把"枫桥经验"坚持好、发展好，把党的群众路线坚持好、贯彻好。

纵观"枫桥经验"近60年的发展历程，尽管其在不同的历史时期有不同的表现形式，但万变不离其宗，就是坚持走群众路线，从群众中来，到群众中去，把群众工作的触角延伸到千家万户，抓源头、抓苗头、抓基础，把矛盾化解在基层、把问题解决在当地、把隐患消除在萌芽状态，实现一方的和谐平安。党的群众路线是"枫桥经验"的本质所在。正如习近平总书记指出的：小事不出村、大事不出镇、矛盾不上交，是"枫桥"创造的基层治理经验。再如2019年6月由中共中央办公厅、国务院办公厅印发的《关于加强和改进乡村治理的指导意见》第十三条规定："坚持发展新时代'枫桥经验'，做到'小事不出村、大事不出乡'。"党的十九届四中全会决定指出："完善正确处理新形势下人民内部矛盾有效机制。坚持和发展新时代'枫桥经验'，畅通和规范群

● 学术圆桌 ●

众诉求表达、利益协调、权益保障通道，完善信访制度，完善人民调解、行政调解、司法调解联动工作体系，健全社会心理服务体系和危机干预机制，完善社会矛盾纠纷多元预防调处化解综合机制，努力将矛盾化解在基层。"

共建共治共享一体化，是新时代"枫桥经验"的基本原理。2015 年 5 月，习近平总书记在浙江调研时指出："社会建设要以共建共享为基本原则，在体制机制、制度政策上系统谋划，从保障和改善民生做起，坚持群众想什么、我们就干什么"。同年 10 月，党的十八届五中全会通过《中共中央关于制定国民经济和社会发展第十三个五年规划的建议》，提出"人人参与、人人尽力、人人享有，构建全民共建共享的社会治理格局"，其中"全民共建共享"为"共建共治共享"的形成奠定了思想基础。2017 年，党的十九大报告正式提出"打造共建共治共享的社会治理格局"。从此，"共建共治共享"成为新时代社会治理的发展方向和基本格局，其中共建是基础，共治是关键，共享是目的。党的十九届四中全会提出建设人人有责、人人尽责、人人享有的社会治理共同体。人人有责、人人尽责表明社会治理共同体首先是实践共同体、责任共同体、价值共同体，人人享有则表明这一共同体还是利益共同体、权利共同体、命运共同体。这与共建共治共享逻辑一致，人人有责是本质、人人尽责是前提、人人享有是结果。共建共治必然指向共享，评价社会治理成效的根本标准就是共同体成员能否公平合理地分享社会建设和社会治理的成果。

党组织领导的自治法治德治相结合，是新时代"枫桥经验"的制度创新。"三治融合"就是在社会治理实践中形成、在社会治理实践中不断发展、被实践充分证明是科学有效的善治方式。可以说，"三治融合"而形成的善治是新时代中国社会治理的基本方式。从实践来看，自治、法治、德治"三治融合"，是枫桥人民创造的经验，是在嘉兴和浙江发展了的经验，如今也是社会善治的中国经验。由此，"三治融合"（"三治结合"）写进了党的十九大报告、写进了《中国共产党农村基层组织工作条例》、写进了党的十九届四中全会决定，而且对"三治"的浙江解读，即"以自治增活力、以法治强保障、以德治扬正气"这三句话还写进了中共中央办公厅、国务院办公厅印发的《关于加强和改进乡村治理的指导意见》之中。"三治融合"从一种基层经验表达，上升为党和国家的制度表达，并不是偶然的或强制性的，而是水到渠成、顺理成章。党的十九届四中全会决定把城乡基层治理体系定位为党组织领导的治理体系，提出"健全党组织领导的

学术圆桌

自治、法治、德治相结合的城乡基层治理体系"。加强党组织对基层治理的领导，有利于更好更全面发挥中国共产党的政治优势和组织优势，使党的领导与基层民主自治相统一，使基层党组织建设与基层治理有机衔接，通过政治、组织、机制、能力等各方面引领基层治理、保障基层治理、提升基层治理。

平安、和谐是新时代"枫桥经验"的根本价值

"枫桥经验"之所以是社会治理的重要抓手，在于它蕴藏着"平安""和谐"等中华民族优秀传统文化的核心价值。新时代社会治理的目标是构建和谐社会、建设平安中国。

*构建和谐社会。*和谐是一种高级的、文明的社会生活方式和生存方式。先秦思想家便已提出"和美""和和美美"的生活理念，如孔子所言"礼之用，和为贵""合群济众"、和衷共济、和平共处、善解能容、矛盾和解、和睦等，如墨子所言"兼相爱""爱无差等"，也如孟子所言"天时、地利、人和"。马克思、恩格斯提出的共产主义理想社会也是一种以财富泉水般涌现、社会公平正义和每个人的全面自由发展为表征的和谐社会。中国共产党自成立以来，始终以构建社会主义和谐社会为己任，向着人民对美好生活的向往而奋斗

学术圆桌

着。进入新世纪以后，我们党从全面建成小康社会、建设社会主义现代化强国出发，明确提出构建"民主法治、公平正义、诚信友爱、充满活力、安定有序、人与自然和谐相处的社会主义和谐社会"。

党的十八大以来，以习近平同志为核心的党中央深入推进社会主义和谐社会建设。习近平总书记指出："社会和谐是中国特色社会主义的本质属性，所以，必须团结一切可以团结的力量，最大限度增加和谐因素，增强社会创造活力，确保人民安居乐业、社会安定有序、国家长治久安。"党的十九大报告号召全党"为把我国建设成为富强民主文明和谐美丽的社会主义现代化强国而奋斗"，在这里，"和谐"成为社会主义现代化强国的五大"定义"之一，十九大报告还把"现代社会治理格局基本形成，社会充满活力又和谐有序"作为实现社会主义现代化强国的阶段性目标之一。

建设平安中国。建设"平安中国"，是习近平总书记对社会治理的又一目标定位。2013年1月，习近平总书记为做好新形势下政法工作作出批示，要求全国政法机关"顺应人民群众对公共安全、司法公正、权益保障的新期待，全力推进平安中国、法治中国、过硬队伍建设""保证中国特色社会主义事业在和谐稳定的社会环境中顺利推进"。2015年，

学术圆桌

习近平总书记就公共安全工作作出重要指示，要求政法综治战线"主动适应新形势，增强风险意识，坚持多方参与、合作共享、风险共担，坚持科技引领、法治保障、文化支撑，创新理念思路、体制机制、方法手段，推进公共安全工作精细化、信息化、法治化，不断提高维护公共安全能力水平，有效防范、化解、管控各类风险，努力建设平安中国"。2016 年，习近平总书记进一步指出："要继续加强和创新社会治理，完善中国特色社会主义社会治理体系，努力建设更高水平的平安中国，进一步增强人民群众安全感。"2017 年，习近平总书记在党的十九大报告中指出："建设平安中国，加强和创新社会治理，维护社会和谐稳定，确保国家长治久安、人民安居乐业。"习近平总书记关于建设平安中国的一系列重要论述和指示为社会治理工作和社会治理现代化明确了价值目标和工作导向。

建设平安中国是社会主要矛盾发生深刻变化、人民对安全需要日益增长的历史条件下社会治理目标的必然选择，是新时代推进社会主义现代化最重要的战略任务之一。进入 21 世纪以来，公民的人身安全、人格安全、财产安全、信息安全，住宅安全、私域生活安全、公共生活安全、国家生活安全，生产安全、交通安全、食药安全等问题越来越突出，人

学术圆桌

民赖以生存和发展的制度安全、领土安全、政治安全、政权安全、经济安全、资源安全受到前所未有的侵扰和挑战，宗教极端势力、分裂势力、恐怖主义势力、黑恶势力及各种敌对势力对人民的安全生活构成了严重危害和威胁。人民对安全的担忧日渐升级，对安全的需要日益显现，迫切要求把保护和保障安全作为一项基本人权，迫切要求以建设平安社区、平安区域、平安社会、平安国家为目标实施社会治理，使人民有更多的安全感。党的十九届四中全会决定提出的"完善正确处理新形势下人民内部矛盾有效机制""完善社会治安防控体系""健全公共安全体制机制""构建基层社会治理新格局""完善国家安全体系"等重点任务，均指向平安中国建设，搭建了平安中国制度网络。

《社会治理》（2021 年第 9 期）

中国式基层社会治理的时代内涵与世界意义

——以新时代"枫桥经验"为例

卢芳霞

基层社会治理效能，关乎国家治理体系和治理能力现代化的实现程度，影响人民美好生活的实现进程。新时代"枫桥经验"是基层社会治理现代化的中国方案，既符合社会治理的一般规律，又具有鲜明的中国特色，既为推进中国式治理现代化提供坚实基础与强大活力，也为全球社会治理贡献中国经验、中国智慧和中国方案。2023 年是毛泽东同志批示学习推广"枫桥经验"60 周年纪念暨习近平总书记指示坚持发展"枫桥经验"20 周年。回顾并总结"枫桥经验"的创新理念与历史贡献，对深刻把握中国基层社会治理的时代特色，加快推进中国式基层社会治理现代化进程，以及在世界范围内传播中国基层社会治理成功经验具有重要意义。

治理新叙事：基层社会治理的中国特色及时代内涵

中国式治理现代化既不同于西方"国家—社会"二元结构下的治理模式，也不同于中国早期推行的以顶层推动为主的"社会管理"模式，而是将重心下沉至基层社会的新型治理形态。习近平总书记指出："基层强则国家强，基层安则天下安，必须抓好基层治理现代化这项基础性工作。"基层社会治理现代化开启了具有里程碑式意义的中国式现代化叙事新变革，展现中国特色的时代内涵。

（一）以"党的自我革命"为坚强保障

在当代中国，"办好中国的事情，关键在党。中国特色社会主义最本质的特征是中国共产党领导，中国特色社会主义制度的最大优势是中国共产党领导"。"党的领导是全面的、系统的、整体的"，坚持党的领导也包括党对基层社会治理的领导。当然，这并不是说党中央直接领导基层社会治理，而是说按照"分类指导、分层推进、分步实施"的要求和精神，通过加强基层党组织的政治、思想、作风和制度等各方面建设，把基层党组织建设成为贯彻党的意志、实现党的领导的坚强战斗堡垒。中国式治理现代化在党的领导下，把党建工作贯穿于基层社会治理，充分发挥党组织扎根基层社会的保障作用和基层党员处理社会事务的模范作用，形成既聚焦基层社会发展的不同阶段，又关照同一阶段的差异现状，更关注社会矛盾发展的不确定性与动态转化的治理制度体系。

"党的自我革命"是中国式基层社会治理的政治保障。"革命"意味着"通过批判旧世界发现新世界"。只有勇于批判才能有所创新，只有敢于自我否定才能实现长久发展。在革命、建设和改革各个历史时期，中国共产党始终坚持以自我革命解放思想，在党的执政能力不断跃升的同时，推动社会治理模式创新和基层治理体制不断完善。因而，勇于自我革命是中国共产党不断创造伟大成就的持续动力，也是中国不断推进基层社会治理现代化的根本保障。

（二）以"坚持以人民为中心"为价值取向

唯物史观认为，人民是历史的创造者。人的发展不仅是社会发展的根本目的，还是社会发展的力量来源。只有坚持人民群众的主体地位，尊重人民群众的首创精神，凝聚人民群众的实践伟力，才能科学把握时代发展规律、推动人类社会进步。毛泽东同志强调："只要我们依靠人民，坚决地相信人民群众的创造力是无穷无尽的，因而信任人民，和人民打

学术圆桌

成一片，那就任何困难也能克服"。习近平总书记指出："人民群众中蕴含着丰富的智慧和无限的创造力。要把广大基层群众组织起来、动员起来、凝聚起来，充分激发人民群众的积极性、主动性、创造性。"人民参与基层社会治理现代化是促进人的自由全面发展、拓展社会发展新局面的应有之义和关键之举。

"坚持以人民为中心"，是中国式基层社会治理的价值取向。中国式现代化归根到底是人的现代化，故不能忽略人的伦理关怀与现实诉求。巨大的人口规模与人民多样性需求之间的矛盾，构成中国基层治理现代化的独特难题。要解决这一难题，就必须以协商民主的方式，解决人民群众"急难愁盼"的问题，找准基层治理的着力点。党的十八大首次提出社会主义协商民主是我国人民民主的重要形式，二十大又提出中国式治理语境下的全过程人民民主。中国共产党在推进全过程人民民主的过程中，将"协商"和"参与"作为前置性程序和制度性要求，把基层社会治理深深嵌入全体人民依法管理社会事务、经济建设和文化事业的过程中，渗透到人民日常生活的方方面面。从而，中国式基层社会治理呈现出"民意表达—意见汇总—党政决策—基层施政—社会监督—人民评价"的民主流程，实现了"人民的事情人民管，治理的效果有保障",彰显了全过程"坚持以人民为中心"的价值取向。

（三）以"三治结合"为方法路径

基于不同的国情、法治基础、文化传统和国民素质，不同国家采取的治理方式都有所不同。单一的治理方式在一定条件下虽也能达致善治，但往往并不是最优的选择。正如有学者指出的，以德治为基础的善治是"低成本非稳定性善治"，以法治为保障的善治是"高成本高稳定性善治"，以自治为核心的善治是"较低成本较高稳定性善治"。三种治理方式均存在一定缺陷，需要组合起来才能提高善治的水平和质量。在长期的社会实践中，立足本国实际、顺应时代发展、吸收中华优秀传统文化的基层实践创造，探索出自治、法治、德治"三治结合"的基层善治新方式。其中，自治是法治与德治的基础，法治是自治与德治的边界和保障，德治是较高追求，德治以自治与法治为基石，并对自治与法治形成有力补充。

"三治结合"是中国式基层社会治理的基本经验和创新方法，是基层贯彻落实习近平总书记提出的"把握好新时代中国特色社会主义思想的世界观和方法论，坚持好、运用好贯穿其中的立场观点方法"的具体实践。经过历史与实践检验，"三治结合"被写入党的十九大报告，以及十九届四中全会审议通过的《中共中央关于坚持和完善中国特色社会主义制度、推进国家治理体系和治理能力现代化若干重大问题的决定》。"三治结合"从一种基层实践的经验表达上升为党和国家的制度表达，并不是偶然的。换言之，"三治结合"符合中国社会转型的历史需求，反映了中国式基层社会治理现代化的发展规律，能够凝聚人心、集聚力量，最大限度激发基层社会治理活力，从而成为新时代构建基层社会善治新体系的有效范式，引领基层社会治理的伟大变革。

（四）以"化解社会矛盾"为重要任务

新时代社会主要矛盾转化为"人民日益增长的美好生活需要和不平衡不充分的发展之间的矛盾"。社会主要矛盾反映到基层，所表现出的问题林林总总，但归根结底，都是为了解决现代化进程中发展与稳定、秩序与活力的张力问题，即既要避免现代化所带来的负面影响，又要建立一个满足人民美好生活需要的现代社会。在当前人类社会发展阶段上，这种张力问题不可能被彻底解决，因为任何社会都存在生产力与生产关系之间的矛盾。资本主义社会有矛盾，社会主义社会也有矛盾。任何社会都是在矛盾中发展的，矛盾是发展的动力，只不过不同制度条件下的矛盾性质有根本区别。问题的关键在于如何应对。如果应对得当，那么社会活力有序释放，经济快速发展；如果应对失当，那么社会发展失序，甚至造成经济发展停滞。"中等收入陷阱"就是发展中国家向发达国家转变矛盾运动中的一个典型挑战，有的国家应对有效并成功迈进发达国家行列，有的国家应对失效而掉入陷阱无法自拔，甚至出现经济发展倒退现象。

"化解社会矛盾"是中国式基层社会治理的主要任务。中国在走向全面建设社会主义现代化国家新征程的过程中，人口规模巨大等基本国情所产生的治理问题十分复杂，这就决定了在相当长的时期内，化解社会矛盾、保持社会长期稳定仍然是促进发展的重要前提。基层社会治理贯穿于中国式治理的全过程，在满足人民群众高品质物质文化生活需求的同时，不断满足人民群众对民主等更高质量"公共品"的需求与更便捷的"法福利"的供给，着力实现发展与稳定的动态平衡与良性互动，构建一个既充满活力又和谐有序的社会。

（五）以"城乡社区治理"为主要领域

中国基层社会的治理难度，在于疆域之大和人口之多所

学术圆桌

致的基层事务之重和问题之繁杂。一方面，在现代化进程中产生的城乡二元结构，既塑造了城市和乡村各有特色的生活方式，也催生出阶层分化等社会的异质性。另一方面，在偌大的中国社会，加速发展给原有的社会运行机制带来极大冲击，客观上也推动了国家机器的快速运转。社会变化之大与治理需求之盛促成了国家治理体系与治理能力现代化的时代要求。然而，"治大国如烹小鲜"，只有把国家治理渗透进社会的毛细血管之中，把城乡社区治理等微治理单元作为国家治理的重点，才能精细化地实现治理现代化目标。

"城乡社区治理"是中国式基层社会治理的重点领域。习近平总书记指出："社会治理的重心必须落到城乡社区"。"社区是基层基础。只有基础坚固，国家大厦才能稳固。"党的十八大以来，我国逐步形成了涵盖多领域、多层次的基层社会制度体系，并全面规定了社会各方面、各领域的事业发展的性质定位、运行规则和相互关系，为基层社会治理提供了根本遵循。然而，只有通过把城乡社区治理作为工作重点，夯实基层社会治理根基，在制度优势与治理实践之间构建起一条互动纽带，有机地把"政党—国家—社会"统一起来，才能把"全国一盘棋"的制度优势转化为均衡发展的治理能，把"人民至上"的制度优势转化为实现美好生活的治理效能，把多元分配优势转化为社会公平的治理效能，不断推动社会治理资源和社会治理力量下沉到基层社区，才能真正实现基层社会治理体系与治理能力的现代化。

新时代"枫桥经验"：中国式基层社会治理的实践典范

新时代"枫桥经验"，是中国式现代化这一总符号在基层社会治理领域的一个显现，也是中国探索基层社会治理现代化的一项重要经验成果。60年来，"枫桥经验"与时俱进、不断创新，从一种地方性实践发展为全国性经验，从一种局部性治理成果发展为当代中国式基层社会治理的普遍性成果。习近平总书记多次肯定"枫桥经验"在浙江和全国各地的生动实践，并对学习推广新时代"枫桥经验"作出重要论述。新时代"枫桥经验"是可推广、可借鉴、可复制的城乡社区治理经验，它不仅丰富了中国式基层社会治理的时代内涵，而且为建设平安、和谐、幸福的美好社会提供了实践典范。

（一）从"枫桥经验"到新时代"枫桥经验"

最初的"枫桥经验"集中体现了毛泽东同志关于群众观

｜ 学术圆桌 ●

和群众路线的思想精髓，是把毛泽东思想创造性运用于社会主义教育改造所产生的重要成果。20 世纪 60 年代初，毛泽东同志对浙江诸暨枫桥干部群众创造的"发动和依靠群众，坚持矛盾不上交，就地解决，实现捕人少，治安好"经验作出批示，"要各地仿效，经过试点，推广去做"。自此，"枫桥经验"走出枫桥、走出浙江，成为社会主义建设中全国政法战线的一面旗帜。

改革开放以来，党和国家将工作重心从阶级斗争转向经济建设，基层社会利益冲突的加剧与人财物流动性的增加导致刑事犯罪高发，基层社会的问题突出表现为治安问题。"枫桥经验"通过制定治安公约、建立调解治保组织和"五个依靠群众"、"四前工作法"等加强群防群治，实现"小事不出村，大事不出镇，矛盾不上交"，为加强中国农村社会治安综合治理工作率先探路。

21 世纪以来，随着工业化、城镇化的加快发展，社会稳定问题凸显出来，构建社会主义和谐社会问题摆上日程。"枫桥经验"率先开展平安建设，成立综治中心，探索网格化管理和大调解机制，构建立体化社会治安防控体系，为中国加强和创新基层社会管理体制、维护社会稳定作出贡献。

进入新时代，随着我国全面小康社会的实现，人民群众在满足了基本的生存温饱、民生福利和社会安宁等需求后，开始追求公平正义、政治参与、人格尊重和长远安宁等更高层次的美好生活。为适应社会主要矛盾的新变化，新时代"枫桥经验"将解决人民群众美好生活问题和化解人民群众内部矛盾作为根本目标，在人民参与、协商民主、共建共治等方面着力探索，形成党建引领城乡社区建设、社会组织参与基层社会治理、人民调解行政调解司法调解"三调联动"、一站式社会矛盾纠纷调处化解中心和诉源治理等新经验，推进基层社会治理体系和治理能力现代化建设，引领全国基层社会治理的新走向。

60年来，"枫桥经验"始终保持与时俱进、持续创新的理论品质，不断形成契合时代要求的基层社会治理经验，实现传统"枫桥经验"向新时代"枫桥经验"的蜕变。需要明确的是，尽管"枫桥经验"的时代内涵不断丰富发展，但其核心要义始终是"坚持和贯彻党的群众路线，在党的领导下，充分发动群众、组织群众、依靠群众解决群众自己的事情，做到'小事不出村、大事不出镇、矛盾不上交'"，最为重要的治理场域始终是"社会基层"，即主要在县（市、区）、乡镇（街道）、村（社区）等基层治理单元施策。

新时代"枫桥经验"，已经成为习近平新时代中国特色社会主义思想的重要组成部分。党的十八大以来，习近平总书记对坚持和发展新时代"枫桥经验"多次作出重要指示和论述。新时代"枫桥经验"已经被写入《习近平谈治国理政》等党的重要文献中。无疑，新时代"枫桥经验"已经成为"中国之治"的实践典范。

（二）新时代"枫桥经验"的实践展开与主要经验

新时代以来，随着人民群众对美好生活的要求越来越高，基层社会治理的难度越来越大，出现党建引领机制滞后、治理转型后继乏力、社会组织碎片化、多元治理模式有待完善等新型挑战。解剖新时代"枫桥经验"这只麻雀，对于应对新时代基层社会治理的新挑战具有典型意义。

第一，党建引领，构建基层社会治理格局。新时代"枫桥经验"之所以历久弥新，最根本的就在于能够坚持党建引领。党的十八大以来，浙江坚持和发展新时代"枫桥经验"最显著的做法是加强基层党组织建设、整顿薄弱涣散村（社区）组织、配强村（社区）党组织书记，通过党建带动社区建设，提升村（社区）化解基层矛盾的能力，继续保持"小事不出村（社区）"的状态。

第二，人民至上，彰显基层社会治理价值。一直以来，

"枫桥经验"都始终坚持维护人民群众的利益。在"枫桥经验"发展史上涌现出来的社会治安综合治理、平安建设、大调解机制、枫桥警务等创新做法，都体现了人民至上的价值取向。新时代以来，"枫桥经验"又把"最多跑一次"改革作为创新的重要内容，着力在提升效率、破解难题上下功夫，创造出"一证通办""一网通办""一窗通办""城乡通办"的做法，给群众和企业提供更多便利，提升了人民群众幸福感；把矛盾纠纷化解"最多跑一地"作为创新的重要抓手，建立起矛调中心（现称为社会治理中心），集中调处化解矛盾纠纷，改变了人民群众求诉无门、多门的现象。

第三，"三治融合"，完善基层社会治理方法。"三治融合"源于浙江基层实践，是"枫桥经验"创新发展的重大成果。2013 年 5 月，桐乡市高桥镇越丰村首次提出自治、法治、德治相融合的基层社会治理理念，组建起百姓参政团、道德评判团、百事服务团，构建起一套群众参与决策、参与治理的常态机制，形成了"大事一起干，好坏大家判，事事有人管"的良好氛围。浙江省委及时总结提炼桐乡实践，全面推广"三治融合"基层社会治理体系，把"三治"作为浙江创新发展新时代"枫桥经验"的重要形式。2017 年 10 月，"健全自治、法治、德治相结合的乡村治理体系"，被写入了党的十九大

学术圆桌

报告。2018 年 1 月，中央政法工作会议提出坚持"自治、法治、德治相结合"是新时代"枫桥经验"的精髓，也是新时代基层社会治理创新的发展方向。2018 年 6 月，浙江将自治、法治、德治"三治融合"基层社会治理体系建设推广工程，作为总结提升推广新时代"枫桥经验"六大工程之一。2021 年始，浙江又在"三治融合"的基础上加"智治"，探索建设"四治融合"的城乡基层治理体系，以率先实现乡村治理现代化目标。

第四，注重基础，夯实基层社会治理根基。从根本上来说，"枫桥经验"是人民参与的经验，是基层自治的经验，是人民群众依靠自身把基层社会治理好、把基层矛盾化解好的经验。通过协商理事会、民情恳谈日、"三上三下"民主决策机制等形式，加快实现民事民议、民事民办、民事民管；通过建立健全社会组织服务和管理机制，培育大量社会组织并引导其积极参与公共服务、治安维护、矛盾化解、慈善救助等活动，加快实现矛盾纠纷的民间自我消融；通过制定村规民约（社区公约），以规约引导规范村民和社区居民的行为，加快实现城乡社区自治自管；通过"枫桥式公安派出所""枫桥式人民法庭""枫桥式退役军人服务站"等一系列"枫桥式"基层社会治理单元创建活动，夯实基层基础建设；

学术圆桌

通过大力推广群众安全感第三方评估、满意度公开测评、新闻舆论监督团等做法，加快实现治理成效人民评。

第五，就地化解，降低基层社会治理成本。"小事不出村、大事不出镇、矛盾不上交"，是"枫桥经验"的精髓所在。为了切实把矛盾纠纷化解在基层、化解在萌芽状态，"枫桥经验"创新网格化治理，建立起乡镇（街道）—行政村（社区）—自然村（小区）三级网络，有些甚至还建立起村民小组、楼道长等微网格，形成"网中有格，格中有人，事在网中"的治理格局；为了降低基层矛盾化解的成本，"枫桥经验"强调诉源治理，从源头上减少法院诉讼增量，不但减少法院的办案压力和编制增加需求，还解决了群众的"诉累"问题，努力做到快速、便捷、高效地化解矛盾纠纷，降低法院的行政成本和当事人的诉讼成本。

（三）新时代"枫桥经验"的发展特色与创新贡献

"枫桥经验"伴随中国特色社会主义理论体系的发展，实现了转型与升级，进而演变为新时代"枫桥经验"。"枫桥经验"见证了中国特色社会主义理论体系的变迁轨迹，彰显了基层社会治理的中国特色、独特优势和强大活力。

其一，从"政法引领"到"党建引领"，树立基层社会治理新理念。在创新发展历程中，"枫桥经验"一开始主要是政法机关引领。政法机关通过强有力的国家机器、政法手段和群众动员，形成强大的社会管理机制和群防群治网络，有效维持了社会治安和社会稳定。在此过程中，"枫桥经验"被塑造成为全国政法综治战线的一面旗帜。党的十八大以来，我国加强党对各项工作包括政法工作的领导，"枫桥经验"的经验模式也率先从政法引领的社会管理模式转向党建引领的社会治理新模式。这种新模式强调加强党的领导，发挥党的政治优势，构建"党委领导、政府负责、民主协商、社会协同、公众参与、法治保障、科技支撑"的社会治理体系，开创了党建引领下的现代社会治理新格局。

其二，从"优先考虑社会稳定与发展"到"坚持以人民为中心"，确立基层社会治理新价值。任何事物的存在和发展，都离不开特定的历史条件。在社会主义革命和建设时期，"枫桥经验"虽然也有依靠群众的治理经验以及以人为本的思想雏形，但在新中国成立初期终究要以国家政权稳定为前提考虑，因而必须优先利用社会管控来解决矛盾问题。在改革开放和社会主义现代化建设新时期，我国开始实行社会主义市场经济体制，新旧体制转轨、社会结构转型，以及经济格局、利益关系重大调整成为社会主题，维护社会稳定与发展便成为"枫桥经验"的主要任务。进入新时代,我国社会主要矛盾发生历史性变化。"坚持以人民为中心""人民至上""满足人民群众对美好生活的向往"的基层社会治理新价值被逐渐确立。"坚持以人民为中心"要求尊重人民主体地位,着力解决好人民群众最关心最直接最现实的利益问题,不断增强人民群众获得感、幸福感、安全感,确保社会既充满活力又和谐有序;"坚持以人民为中心"要求充分发动群众、组织群众、依靠群众解决群众自己的事情,通过群众自治就地化解矛盾,突出人民群众在基层社会治理中的主体地位。从人口数量来讲,我国人口规模巨大的治理难题还得通过广大人民群众的共同参与来解决。

其三,从"单一治理方式"到"多元综合治理",创新基层社会治理新方法。"枫桥经验"的传统治理方式较为单一,或者依靠传统的调解说理,或者依靠单纯的群众自治,虽也取得了一定的治理成效,但随着新时代社会矛盾变得日益复杂,"枫桥经验"原有的治理方式已经不能很好适应新时代发展。为此,"枫桥经验"实现与时俱进,创新契合基层的治理方法,提出辩证统一的"三治融合"善治方法,突破了原有自治、法治、德治各自为战的常规做法。"三治融合"成为加强城乡社区治理体系建设,激发各方活力和积极性,实现人人参与、人人尽力、人人享有的基层社会治理新方法。经过持续的推广与创建，目前浙江省3857个社区居民委员会和24711个村民委员会基本建立起"三治融合"基层善治新体系，形成了多元综合治理新方法，这为全国50.3万个村民委员会、11.2万个居民委员会创新基层社会治理方法提供了参照。

其四，从"传统治理"到"整体智治"，升级基层社会治理新手段。传统"枫桥经验"是一种熟人社会的治理经验，它依靠乡土中国的当地群众，以面对面协商、进村入户调解等传统手段，就地消化了大量纠纷矛盾，解决了大量传统社会治安问题，基本上实现了"矛盾不上交"。但是，随着现代科技对人类社会的不断渗透，智慧社区等新的生活空间应运而生。据统计，截至2022年年底，我国网民规模达到10.67亿，较2021年同期增长3549万人，互联网普及率达75.6%。中国成为互联网普及率最高的国家之一。然而，网络空间在增添人们生活乐趣的同时，也对传统的面对面调解手段提出了挑战。为了应对挑战，"网上枫桥经验"应运而生，创新了"拨一拨就灵""一码解纠纷""握手言和系统""融警务平台"等数字化解纷新模式，主动促进治理手段由线下向线上、由碎片化向协同化转型，实现了传统治理到整体智治的转变。

其五，从"乡村治理"到"城乡社区治理"，拓展基层社会治理新领域。一直以来，"枫桥经验"主要推广于乡村治理领域，其创新与发展也主要在镇村。2018年1月，中央政法工作会议强调推动"枫桥经验"由促进乡村治理体系建设向促进城镇、社区治理体系建设延伸。这是顺应全国城镇化率不断提升的客观趋势。据统计，2022年末全国常住人口城镇化率为65.22%。因此，当前城镇治理已经取代乡村治理成为社会治理的主阵地。党的二十大报告在强调坚持和发展新时代"枫桥经验"时，明确指出要"健全城乡社区治理体系，及时把矛盾纠纷化解在基层、化解在萌芽状态"。这表明党和国家从制度层面强调"枫桥经验"的推广应用，要从乡村治理拓展到城乡社区治理新领域。

推进全球善治：从新时代"枫桥经验"看中国式基层社会治理的世界意义

在新的国际政治经济格局下，全球治理的问题属性与要素构成也发生了深刻的转变，任何一种传统治理模式都不能完成破局。中国式基层社会治理是在深刻把握发展中国家的基层社会治理规律，系统总结以"枫桥经验"等为代表的基层社会治理经验，科学凝练中国特色社会治理理论的基础上形成的。新时代"枫桥经验"生动诠释了"中国之治"的领导核心、人民主体、治理方法和文化基因，充分展示了中国共产党坚强领导、人民群众广泛参与、辩证处理秩序与活力的关系，以及中华优秀传统文化创造性融入现代社会治理体系的实践伟力。当前，新时代"枫桥经验"已经成为世界各国理解中国基层社会治理的"窗口"。新时代"枫桥经验"可以为推动构建人类命运共同体贡献中国智慧、提供中国方案，打造更加可信可敬可学的中国形象，为全球善治提供可资借鉴的一般性原则、规律和治理逻辑。

（一）提供加强执政党领导的成功范式

党建引领是新时代"枫桥经验"的根本保证，是指引"枫桥经验"不断创新发展的政治灵魂。新时代"枫桥经验"在推进基层社会治理过程中，始终坚持和加强党的领导，实现了党的基层组织和党的工作全覆盖，有效整合了全社会资源和力量，形成推进社会基层治理体系和治理能力现代化的强大合力。百年来，在党的领导下，中国基层社会治理逐渐形成了一盘棋格局，逐步探索和发展出以党的领导为首要遵循的基层社会治理制度。这一制度以强大的生命力、独特的效能优势和鲜明的中国特色，突破与创新了西方国家多党制下的治理框架，为发展中国家加强执政党领导提供了实践范式。

实践证明，加强执政党领导对于凝聚各方力量、释放治理效能具有重大作用。这一点已经在中国共产党长期执政中体现出来。中国共产党的领导是中国革命、建设和改革取得伟大成就的成功密码，而全面从严治党是加强中国共产党领导的关键举措。中国的执政党建设经验为世界其他政党推进合法性建设、提升执政党能力、引领社会治理提供了中国智慧与中国方案。

（二）展现人民参与基层社会治理的强大力量

60年来，"枫桥经验"始终坚持群众路线和群众工作方法，创造了人民话语，凝聚了人民力量，满足了人民需求。"坚持以人民为中心"，成为"枫桥经验"的本质所在、生命所在、价值所在。坚持和发展"枫桥经验"的过程，就是在基层社会治理中不断创新贯彻落实群众路线和群众工作方法、不断创新动员群众和组织群众的具体组织形式的过程。可以发现，新时代"枫桥经验"与中国基层社会治理的共性之处，在于都注重广泛发动人民群众参与治理，从而汇聚起最为广泛的共识和最为磅礴的力量，形成"协同增效"型基

学术圆桌

层社会治理体制，这提高了群众的自我服务水平和自治能力，提升了基层社会治理社会化水平，提高了基层社会治理的整体绩效。

"在中国社会主义制度下，有事好商量，众人的事情由众人商量，找到全社会意愿和要求的最大公约数，是人民民主的真谛。"中国基层社会治理科学演绎了人民民主的运行逻辑，始终在推进全过程人民民主中想人民之所想、急人民之所急、解人民之所难，体现了坚持以人民为中心的价值取向，展现了人民参与基层社会治理的强大力量。

（三）描绘秩序与活力并存的社会图景

新时代"枫桥经验"是"中国之治"在基层实践中的一个成功典范，可以为许多国家提供借鉴。从中国之治的历史成就来看，中国已经成为世界上平安建设水平最高、人民群众安全满意度最高的国家之一；从中国之治的实践来看，活力与秩序的并存有赖于构建有效的社会矛盾化解机制。习近平总书记指出："要讲究辩证法，处理好活力和秩序的关系，全面看待社会稳定形势，准确把握维护社会稳定工作，坚持系统治理、依法治理、综合治理、源头治理。"新时代"枫桥经验"视野下的基层社会治理，其先进性不仅体现在化解矛

学术圆桌

盾的过程中，更体现在预防矛盾的发生上。通过加大对基层矛盾的预测预警预防，构建起风险防控新体系、矛盾化解新机制、社会善治新模式、全民参与新格局，为新形势下续写经济快速发展和社会长期稳定两大奇迹创造了有利条件，为全球治理描绘出一个既充满活力又拥有良好秩序的现代社会。

当前全球性问题加剧，和平赤字、发展赤字、安全赤字、治理赤字加重，人类社会面临前所未有的挑战。无论是从国家内部还是从全球视野来看，良好的社会秩序是保持社会动态平衡的要件，是社会焕发活力的前提和保障，包含着对个体行动、社会实践以及国家行为提出的规则要求；社会活力则标志着社会发展的生命力和发展力、积极性和创造力，活力的迸发会进一步促进社会秩序的提升。以中国基层社会治理现代化样态为参照，构建秩序与活力并存的社会形态，既是国家治理的重要目标，也是全球治理的未来方向。

（四）彰显优秀传统融入治理体系的文化自信

新时代"枫桥经验"既植根于中国大地的生动治理实践，也源自中华优秀传统文化的创造性转化、创新性发展，更熔铸于党领导人民在革命、建设和改革中创造的革命文化和社

学术圆桌

会主义先进文化，从而形成了特有的枫桥地域文化，生动地彰显了中国式基层社会治理的文化自信。"枫桥经验"视野下的基层社会治理，善于把中华传统治理智慧和现代治理理念结合起来，着力预防和化解现代化进程中的矛盾与冲突，创设了调解劝和、乡贤议事、村规民约、家规家训、道德红黑榜等德治典型经验做法，实现了就地化解矛盾，促进百姓和顺、城乡和美、社会和谐。

"一个国家选择什么样的治理体系，是由这个国家的历史传承、文化传统、经济社会发展水平决定的，是由这个国家的人民决定的。"在中国这样一个地域广阔、人口规模巨大的国家，又会产生许多各具特色的地方性治理体系。如果一个地方的治理体系能够结合本地的历史传统，将制度设计与主观性文化因素有机结合，就会行之有效、行稳致远。以新时代"枫桥经验"为代表的"中国之治"突破了西式政治模式与逻辑框架，展示了传承优秀传统文化并独立自主探索基层社会治理的成功范例，激励着世界各国尤其是发展中国家走出一条符合自身国情的治理之路。

习近平总书记指出，面对世界之变，回答时代之问，要坚持把马克思主义基本原理同中国具体实际相结合、同中华优秀传统文化相结合，立足中华民族伟大复兴战略全局和世

学术圆桌

界百年未有之大变局，不断推进马克思主义中国化时代化。中国式基层社会治理现代化是马克思主义中国化时代化的重要成果，只有中国化才能落地生根、深入人心，只有时代化才能与时俱进、取得成效。回顾历史、环顾世界，中国式基层社会治理现代化既坚持文明互鉴、兼容并蓄，借鉴并吸收了国外先进管理和治理的理念和做法，又坚持开放包容、胸怀天下，创新并推动了全球治理体系现代化与人类社会经济同步发展。如果完全用西方的理论来解释中国式基层社会治理，是对不上、行不通的，也是十分有害的。我们不仅要不断推动基层社会治理体系和治理能力现代化，使中国基层社会治理之路越走越宽广，还要致力于中国基层社会治理的理论研究，建构中国基层社会治理的自主知识体系，为丰富中国特色社会主义理论体系贡献智慧和力量。

新时代"枫桥经验"是中国式基层社会治理现代化的重要成果，是国家治理制度体系、价值理念在基层社会落地生根的具体体现和生动实践。我们要注重从中华民族伟大复兴战略全局与世界百年未有之大变局"两个大局"出发考虑社会问题、谋划治理工作，在服务中国基层社会治理现代化议题的同时，促进新时代"枫桥经验"的国际传播，既为一域争光，又为全局添彩，还为发展蓄力。因此，既要打造"枫

学术圆桌

桥经验"国际交流平台，如通过新时代"枫桥经验"研究联盟单位搭建学术交流平台，推进国际学术交流与文化传播；又要创新"枫桥经验"国际传播方式，采取"引进来""走出去"的方式，定期开展"枫桥经验"国际交流，推动东西方基层社会治理经验的碰撞，促进不同文明之间的交流互鉴；还要拓展"枫桥经验"国际共治领域，践行共商共建共享的全球治理观，实现各国利益的交汇融合，构建更加公正合理的全球治理体系。中国要把握这个时代赋予的使命和机遇，通过新时代"枫桥经验"诠释基层社会治理的"中国故事"，塑造"可对话"的基层社会治理话语体系，从而推动中国式基层社会治理经验走向世界。这既是中国人民深度参与全球治理、解决全球性问题的应对之策，也是中国共产党维护世界秩序、构建人类命运共同体的有效之策，更是中华民族创造人类文明新形态、推动世界文明进步的长远之策。

《马克思主义研究》（2023 年第 10 期）

学术圆桌

深化弘扬新时代枫桥经验的规律性认识

——基于浙江省诸暨市的调研

夏文斌

中国特色社会主义进入新时代，以习近平同志为核心的党中央强调适应时代要求，创新群众工作方法，把枫桥经验坚持好、发展好，把党的群众路线坚持好、贯彻好。为了深入学习、研究、宣传新时代枫桥经验，近期我们组织之江研究院和对外经济贸易大学联合调研团队到枫桥经验的发源地——浙江省诸暨市进行调研，全面地感受到诸暨在践行新时代枫桥经验方面的新探索、新举措和新方法，也让我们对新时代枫桥经验的产生、发展和未来趋势有了新的认识。

深刻认识弘扬新时代枫桥经验的重要意义

弘扬新时代枫桥经验，是认识和解决新时代社会主要矛盾的必然要求。进入新时代，我国社会主要矛盾已经转化为人民日益增长的美好生活需要和不平衡不充分的发展之间的矛盾。党的十八大以来，我国经济社会发展取得历史性成就，

学术圆桌

发生历史性变革，但也要看到的是，我国还面临着发展不平衡不充分的问题，包括城乡发展差距、区域发展差距、收入分配差距，还有人民群众对公平正义、生态环境、精神文化等方面的新诉求、新期待，都对我们党和人民的事业提出了新要求，迫切需要我们从新时代枫桥经验中汲取智慧和营养，不断探索群众工作的新方法、不断提升新时代解决基层矛盾的能力和水平。

*弘扬新时代枫桥经验对于防范重大风险、维护社会稳定具有典型示范意义。*随着我国经济社会的不断进步，随着我国由大变强的速度不断加快，必然会带来各方面风险的积聚和显露。对此，习近平总书记多次强调："我们必须把防风险摆在突出位置，'图之于未萌，虑之于未有'。"在现代互联网社会，许多风险具有偶发性、突然性，而一旦发生其破坏性后果则是灾难性的。"风起于青萍之末，浪成于微澜之间。"如何防范当今社会的重大风险，特别需要我们党的各级干部进一步从新时代枫桥经验中学习群众工作方法，时时刻刻保持忧患意识，对可能出现的各种苗头性问题有高度敏锐性，见微知著，不断依靠人民群众将矛盾化解在基层。

*弘扬新时代枫桥经验对于加强基层治理体系和治理能力现代化建设具有积极的引领意义。*2021 年 4 月 28 日《中共

· 学术圆桌 ·

中央 国务院关于加强基层治理体系和治理能力现代化建设的意见》指出："基层治理是国家治理的基石，统筹推进乡镇（街道）和城乡社区治理，是实现国家治理体系和治理能力现代化的基础工程。"基层治理关系到人民急难愁盼的问题，目前人民群众的诉求多元，基层现实矛盾错综复杂，给基层治理带来了新的挑战，对此需要各级党员干部不断对标新时代枫桥经验，立足基层、下沉基层，与基层群众想在一起、干在一起，不断从基层群众身上汲取破解难题的方法和能力，不断提升基层治理的能力和水平。

辩证把握新时代枫桥经验的若干关系

正确处理改革、发展、稳定的关系。改革开放以来，中国经济社会的巨大进步正是在辩证处理改革、发展、稳定的关系中前行的，改革是动力、发展是硬道理、稳定压倒一切，三者统一于中国特色社会主义实践中。近年来，诸暨市在弘扬新时代枫桥经验的实践中，不断探索创新，创新知识产权质押融资模式，着力疏通中小企业融资难、知识产权转化难等堵点，推动"知产"变"资产"；打造智能视觉创新中心，将"枫桥经验"转化为"枫桥经济"；搭建"接诉理事"平台，形成"简单诉求立马办、复杂诉求协调办、疑难诉求提交办"

的处置模式。所有这些，对于立体、持久解决人民群众所关心的问题作用非凡。

*正确处理党建引领与人民主体的关系。*一方面，在处理各种基层矛盾时，各级党组织和党员领导干部必须冲在一线，靠前指挥，善于把握群众工作的力度、深度和温度。另一方面，基层治理中党建引领是否有效的重要标准，就在于能否调动起广大人民群众的积极性，能否将坚持人民主体落到实处。诸暨市在乡村中积极探索党建引领与人民主体的结合点、联动点，实施村社干部"头雁、群雁、雏雁"梯次培养，在村振兴社组织换届后举办干部学历提升班等，让村干部成为村里的"新大学生"。全面推行党建联建机制，形成跨层级、跨领域、跨区域的党建联建项目164个，争取银行授信超40亿元。做深做实"乡村运营"，累计组建强村公司72家，举办乡村振兴先行培育村"云招商"推介会，30只项目签约入驻，总投资达1.17亿元。建设"共富工坊"152家，实现6000余名农民近距离、新模式、多渠道就业。

*正确处理基层治理的"三治"关系。*对于基层治理，一要"自治"——实行群众自我管理、自我服务、自我教育、自我监督。二要"法治"——提升基层党员、干部法治素养，引导群众积极参与、依法支持和配合基层治理。三要"德

治"——推动习近平新时代中国特色社会主义思想进社区、进农村、进家庭，健全村（社区）道德评议机制，开展道德模范评选表彰活动，注重发挥家庭家教家风在基层治理中的重要作用。诸暨市在基层治理中通过"两会"来汇聚"三治"的正能量。一方面推进"红白理事会"等群众自治组织参与村级事务管理，实现群众的自我管理和自我服务；另一方面，汇集知名乡贤、老党员等力量，参与到"乡贤理事会"等组织中，借助他们的法治意识和道德威望，开展邻里矛盾调处和文明新风引导，形成了自治＋法治＋德治的治理效能溢出效应。

正确处理安全防控中人与工具的关系。在现代化社会中，智能化的工具已经越来越成为人类把握自然和社会奥秘的眼睛和大脑，但无论如何，再高级的机器都要为人服务。为此，需要我们在生产实践和社会治理中，注重人防、物防、技防和心防的有机统一。诸暨市在社会治理和安全防控中特别注重人与智能工具的有机结合，不断打造有温度的城市新"枫"景。诸暨市通过赋能城市社区治理，进行线上线下网格化管理，既做到第一时间发现问题、构建全覆盖的预警机制，又做到遇事有人管、遇到困难有组织帮。深化"一网格一支部"，将支部建在网格上，共建网格化支部 237 个；建强"一

学术圆桌

网格—团队"，推进"1+3+N"网格化治理团队，1 名网格长，3 名专职网格员、兼职网格员、网格指导员，N 种其他社会力量；筑牢"一网格一阵地"，建设网格"微阵地"217 个，铺设公安整合一体机，人工智能公共法律服务等自助终端机 326 台。

正确处理干部和群众、群众和群众、群众与社会组织以及涉事利益方代表之间的关系。在基层社会治理中，需要用公开透明规范的平台将不同诉求者联动起来，通过共同协商、相互帮扶的方式来解决群众的现实问题。诸暨市在推进共谋、共建、共治、共享的实践探索中，推出"三事分议"的方式，即重大事务"三三议"，针对村庄建设规划等八类村级重大事项，探索形成村民广泛参与、代表票决立项、合力监督助理的"三三议"工作机制；日常事务"四事议"，针对涉及人数、程序较少的日常事务，创新制定定期问事、开放议事、规范办事、民主评事"四事"工作法；应急事务"及时议"，村两委针对自然灾害、事故灾难、公共卫生事件等迅速召集村党员、村民代表商议并及时公开结果。

面向未来，要不断拓展丰富新时代枫桥经验

第一，在推进中国式现代化实践进程中拓展丰富新时代

学术圆桌

枫桥经验。中国式现代化是一项没有现成答案、需要中国人民在党的坚强领导下探索奋斗的伟大事业，需要最大程度地发挥人民群众的积极性和创造性、最广泛团结一切可以团结的力量。为此，我们要不断探索如何在人口规模巨大、共同富裕新目标、物质文明和精神文明相协调的新格局、人与自然和谐共生的新要求中检验新时代枫桥经验的成效，将中国式现代化的目标任务内化到新时代枫桥经验的工作体系中，不断促进新时代枫桥经验成为实现中国式现代化的重要治理支撑。

第二，在坚持问题导向中拓展丰富新时代枫桥经验。枫桥经验产生于问题之中，成就于能够回应和解决人民群众所关切的问题之中。为此，我们在拓展丰富新时代枫桥经验的实践中，必须一如既往地坚持问题导向，既善于发现可能影响改革发展稳定的苗头性问题，也善于应对和解决与人民群众切身利益相关的常态性问题。在应对和解决的过程中，要善于总结经验，将经验上升为规程和制度，形成一系列创新性工作方法，进而不断推进新时代枫桥经验可复制、可推广的活动走深走实。

第三，运用系统思维拓展丰富新时代枫桥经验。要富有成效地解决基层治理问题，就必须运用系统思维，从联系、

学术圆桌

辩证、整体的角度来把握基层社会的全貌。许多基层治理中的问题看似不大，却涉及政策连续性、各方利益博弈、舆情发酵等，这就要求处理好整体与局部、现实与长远、个案与共性的辩证关系，不能头痛医头脚痛医脚，特别是要注重运用风险思维、底线思维、辩证思维，既保证不出现系统性风险，又能够可持续地解决一些"老大难"问题。

《国家治理》（2023 年 9 月下）

毛泽东为什么要推广"枫桥经验"

胡新民

作为中国基层社会治理的一面旗帜,"枫桥经验"凝结着中国共产党人带领人民创新社会治理的探索,历经时代淬炼而不朽,迸发出穿越时空的旺盛生命力。位于浙江省诸暨市的"枫桥经验"陈列馆珍藏着一份批示,上面写着"应提到诸暨的好例子,要各地仿效,经过试点,推广去做"。这是毛泽东同志1963年11月22日的亲笔批示。该批示中的"诸暨的好例子"指的就是"枫桥经验"。这个经验最基本的一条就是发动群众,通过说理斗争,制服敌人,把"一个不杀,大部不捉"的内部肃反方针,推广到用来处理社会主义教育运动中揭发出来的有破坏活动的地、富、反、坏分子。

20世纪60年代,新中国遭受严重的自然灾害,经济步履维艰。周边国家暗流涌动,台湾当局鼓噪"反攻大陆"并派遣多股武装特务偷渡大陆。在这样的背景下,社会上极少数人出现了浮躁、不安分的心思。1963年5月7日至11日,中共中央在杭州召集有部分大区书记参加的小型会议,决定重新组织革命的阶级队伍。5月18日，周恩来同志在中南海主持中央政治局会议，讨论通过了全国农村社会主义教育运动的指导文件。

伴随着浙江诸暨县枫桥区成为社会主义教育的试点地区，有的基层干部和少数群众认为，逮捕一批，批斗一批，矛盾上交，将很快打开局面。但这样的说法很多人不同意。最后在省委工作队开展的要文斗不要武斗的辩论后统一了思想。首先以生产队为单位，全体社员参加，对四类分子进行普遍评审。对少数不低头认罪的四类分子，以大队为单位进行斗争。但在斗争中坚持摆事实，讲道理，不打不骂，而且允许申辩。一场面对敌人的说理斗争在枫桥大地拉开帷幕。最后，枫桥区没有逮捕一个人，就制服了有违法行为的四类分子。1964年1月14日，中共中央向全党发出《中共中央关于依靠群众力量，加强人民民主专政，把绝大多数四类分子改造成新人的指示》，同时转发《诸暨县枫桥区社会主义教育运动中开展对敌斗争的经验》。一场轰轰烈烈的学习、推广"枫桥经验"的高潮，在全国各地掀起。

毛泽东同志历来重视基层建设

"枫桥经验"是从基层党组织和干部群众的日常工作中

· 学术圆桌 ·

诞生的创新经验，特别是基层群众创造的鲜活经验，是党的群众路线的思想方法和工作方法在基层的生动体现。毛泽东同志对"枫桥经验"如此关注和重点推广，主要的就是看到了这一点。历来重视基层建设的他，早在《井冈山的斗争》一文中，就精辟地总结道："红军所以艰难奋战而不溃散，'支部建在连上'是一个重要原因。"关于苏区建设，他强调村的组织与领导应成为极需注意的问题，这个问题解决了，村民就可以像网一样组织于苏维埃之下，去执行苏维埃的一切工作任务，这是苏维埃制度优胜于历史上一切政治制度的最明显的一个地方。1956 年以后，他更加注重发现和推广方方面面的基层创新经验。1958 年夏天，他到河南新乡、襄城、长葛、商丘等地调研，新乡县七里营"人民公社"的名称和经验引起其关注并给予肯定。值得一提的是，"人民公社"的名称，是新乡县七里营人到浙江诸暨县农场参观后得到的启发。

虽然"人民公社"有其历史的局限性，但当年党领导人民在艰辛探索中创造的"枫桥经验"，则充分发挥了党的政治优势，依靠基层组织和广大群众，最大限度地把问题解决在基层、消灭在萌芽状态中。这是新中国社会基层管理探索中一个颇具中国特色的成功范例。这一时期的城乡社会基层

学术圆桌

建设的发展，使老百姓体会到了"人民当家作主"的种种好处。尽管当时人民的生活水平并不高，但老百姓从亲身经历中感受到，共产党是代表他们根本利益的，人民政府是真心实意为他们办事的。因此，这一时期尽管外有强敌威胁，内有种种困难，但民心是齐的，人民群众始终不渝地拥护中国共产党的领导，拥护社会主义制度，整个社会也是稳定和可控有序的。

"文革"期间，"枫桥经验"受到冲击并一度中断。1970年12月11日，第十五次全国公安工作会议在北京召开。在传达了毛泽东同志关于"对公安工作要一分为二"的指示后，与会者兴奋不已。1971年春，中共中央批转《全国第十五次公安工作会议纪要》，给全国公安机关和"枫桥经验"正了名。这个纪要重新肯定"枫桥经验"是"依靠群众专政的好典型"。1973年纪念"枫桥经验"10周年，成了重振"枫桥经验"的一个良好契机。公安部也专门派员来考察，还特意将公安部政治部一位副主任留下，帮助当地调查总结恢复发展"枫桥经验"的工作。这也成了以后"枫桥经验"发展过程中的一个惯例，就是逢五逢十周年庆之前，浙江都要结合实际工作，与时俱进地总结和创新"枫桥经验"。

党的十一届三中全会后，枫桥对经过长期有效改造、表现好的四类分子摘帽，并总结了摘帽工作经验。省公安厅党委就此向省委、公安部作了专题报告，在全国引起很大反响。改革开放后，枫桥坚持专群结合，群防群治，预防化解矛盾，维护社会治安，成为社会治安综合治理的典型。进入新世纪，浙江在全省范围内坚持和发展"枫桥经验"，使其逐步形成了深化平安建设、维护和谐稳定、推动科学发展的成功经验。1998 年，"枫桥经验"迎来 35 周年纪念日。在纪念会议上，枫桥本地的党委政府以 20 年的改革开放实践探索，向来宾们端出一份名为"四前"的社会综合治理方案。"以'四前'为核心的新时代的'枫桥经验'在枫桥一地的运行，总体的目的还是围绕着毛泽东同志在 1963 年给予'枫桥经验'的使命：矛盾就地解决和不上交。"2003 年，时任浙江省委书记的习近平同志指示，要充分珍惜"枫桥经验"，大力推广"枫桥经验"，不断创新"枫桥经验"。从此，"枫桥经验"开始向更高水平治理转型。

毛泽东同志历来强调"少捕少杀"

诸暨县枫桥区没有逮捕一个人，就制服了有违法行为的四类分子的事实，立刻引起历来强调"少捕少杀""一个不杀，大部不捉"的毛泽东同志的高度关注。在中央文献出版社

学术圆桌

2013 年出版的《毛泽东年谱 1949-1976 第五卷》第 283 页中，有这样一段话："此件看过，很好。讲过后，请你们考虑，是否可以发到县一级党委及县公安局，中央在文件前面写几句介绍的话，作为教育干部的材料。其中应提到诸暨的好例子，要各地仿效，经过试点，推广去做。"由此可见，"枫桥经验"真正体现了毛泽东同志斗争哲学的初衷。

抗日战争时期，毛泽东同志在 1940 年 12 月 25 日所作的《论政策》一文中的"关于锄奸政策"部分中提到，"决不可多杀人，决不可牵涉到任何无辜的分子。对于反动派中的动摇分子和胁从分子，应有宽大的处理。对任何犯人，应坚决废止肉刑，重证据而不轻信口供。对敌军、伪军、反共军的俘虏，除为群众所痛恶、非杀不可而又经过上级批准的人以外，应一律采取释放的政策。""惟有实行上述各项策略原则和具体政策，才能坚持抗日，发展统一战线，获得全国人民的同情，争取时局好转。"

延安整风期间，1943 年 7 月，毛泽东同志在枣园同绥德专员袁任远谈话，询问绥德搞"抢救运动"的情况。他反复讲：不要搞逼供信，你逼他，他没有办法，就乱讲，讲了你就信。然后，你又去逼他所供出的人，那些人又讲，结果越搞越大。我们过去在肃反中有很沉痛的教训。我们这次无论如何不要搞逼供信，要调查研究，要重证据，没有物证，也要有人证。不要听人家一说，你就信以为真，要具体分析，不要轻信口供。对于有问题的人，一个不杀，大部不捉。杀人一定要慎重，你把人杀了，将来如有证据确实是搞错了，你虽然可以纠正，但人已死了，死者不能复生，只能恢复名誉。另外，也不要随便捉人，你捉他干什么，他能跑到哪里去。

1948 年 1 月，毛泽东同志在《关于目前党的政策中的几个重要问题》中指出："必须坚持少杀，严禁乱杀。主张多杀乱杀的意见是完全错误的，它只会使我们党丧失同情，脱离群众，陷于孤立。"同年 2 月，在《新解放区土地改革要点》中，他又重申："必须严禁乱杀，杀人愈少愈好。"

1950 年 6 月 6 日，毛泽东同志在党的七届三中全会上指出："必须坚决地肃清一切危害人民的土匪、特务、恶霸及其他反革命分子。在这个问题上，必须实行镇压与宽大的政策，即首恶者必办，胁从者不问，立功者受奖的政策，不可偏废。"1951 年在镇压反革命运动中，他进一步提出："凡介在可捕可不捕之间的人一定不要捕，如果捕了就是犯错误；凡介在可杀可不杀之间的人一定不要杀，如果杀了就是犯错误。"他还提出了严格的死刑审批复核程序和死刑缓刑的思想。

在杀人这个问题上，毛泽东同志还注意以苏为鉴，提醒大家不要犯斯大林的错误。在 1956 年 9 月党的八大期间，他在同外国党代表团的谈话中指出：关于斯大林犯错误的原因，我觉得有历史的、社会的根源。如捉人、杀人、刑讯逼供均是封建主义的。在资本主义社会也有，但较少。苏联当时所处的政治环境，如受到外国包围也是原因，但借口说因为受到敌人的包围就得大批捉人杀人，那么同样是在封建主义发达、资本主义不发达的俄国，列宁在世时杀人就少。我们中国也是封建社会，但杀人也少。列宁受到的包围不比列宁去世以后所受到的包围更厉害些吗？我们在江西时，在延安时，敌人的包围也很厉害的。但是我们那时就已经纠正了错误。值得一提的是，即使在"文革"那样的特殊年代，在对待杀人的问题上，毛泽东同志坚持一贯立场，没有任何松动。1969 年 6 月 30 日，毛泽东同志在南昌听取江西省革委会和省军区的负责人汇报工作情况。当汇报到清理阶级队伍时，他说：清理阶级队伍要搞，要抓紧，不可不清，要清少数人，但要慎重。最好不杀人，少抓人。抓人，是指敌人，也只是对现行反革命，杀人、放火、放毒的，确有证据的。

2021 年 4 月，中央全面依法治国委员会把坚持"少捕慎

▶ 学术圆桌 ●

诉慎押"刑事司法政策列入 2021 年工作要点，表明"少捕慎诉慎押"从司法理念上升为党和国家的刑事司法政策。为配合这"历史性的一跃"，最高检察院发布了文章《从党的光辉历史看"少捕慎诉慎押"刑事司法政策》。文章写道："……'凡是可捕可不捕的，都要坚决不捕'这句话的出处在哪里？在日常工作中，很多同志认为源自'少捕慎诉慎押'刑事司法政策。其实，这句话最早出自 1962 年初，毛泽东同志在扩大的中央工作会议（即'七千人大会'）上的讲话。毛泽东同志在会议上一共讲了六点意见，最后一个意见是'团结全党和全体人民'。在这个部分，毛泽东同志特别指出，'有一个捕人、杀人的问题，我还想讲一下'，'凡是可捕可不捕的，可杀可不杀的，都要坚决不捕、不杀'。最后强调'人要少捕、少杀'。其实，认真学习党史就会发现，这并不是毛泽东同志首次强调'少捕少杀'的问题，也不是单纯从刑事司法角度要求'少捕少杀'。众所周知，统一战线是我党的一大法宝。正如毛泽东同志所言，'什么是政治？就是把我们的人搞得多多的，把敌人的人搞得少少的'。少捕慎诉慎押刑事司法政策，正是为了争取最大多数人的支持，从团结全党和全体人民角度，从厚植党的执政基础角度，从讲政治的角度提出的司法要求。"

"枫桥经验"前后，毛泽东就法治建设强调些什么

毛泽东同志始终将法治建设，作为中国革命和建设的一个重要问题来思考。新中国成立后，他在废除国民党伪法统的基础上，领导中国人民开启了新中国法治建设的新纪元。他领导制定了《婚姻法》《工会法》《土地改革法》等一系列法律、法令；他主持起草了共同纲领、1954 年宪法和其他几部宪法性法律，等等。他还提出了一系列重要的法治思想。总之，毛泽东同志对新中国法治建设作出了巨大贡献。

毛泽东法治思想最鲜明的特点是实事求是，以人为本，从中国国情出发。1958 年 8 月 24 日，毛泽东同志在中央政治局常委和各协作区主任会议上说："法律这个东西，没有也不行，但我们有我们这一套，调查研究，就地解决，调解为主。不能靠法律治多数人，多数人要靠养成习惯。"这段话简明扼要但内涵丰富：在首先肯定法律作用的基础上，提出了符合中国国情、具有中国特色的法治工作新思路。"调查研究"历来是毛泽东同志倡导的工作作风。法治工作注重调查研究，才能防止冤假错案的产生。"就地解决"体现了法治的效率。"调解为主"实际上就是讲事实摆道理，进行说理斗争。"依靠群众就地化解矛盾"的"枫桥经验"的出现，正符合毛泽东同志的"调查研究，就地解决，调解为主"的

法治思想。至于那些证据确凿而被刑事处分的犯罪分子，毛泽东同志始终相信人是可以改造的。依法惩处不是目的，通过群众性的教育改造使违法违纪人员改过自新是目的。既要注重发挥法律的威慑惩治功能，又要注重执法中的人文关怀，从而达到"不能靠法律治多数人，多数人要靠养成习惯"的目的。

1962年3月22日，毛泽东同志在听取关于公安工作的汇报时指出：杀人要少，杀一个人就要牵涉到他的亲属，这些人的工作不好做。我们要少杀人，留下来劳动改造。要训练干部，主要是教育基层公安干部懂得政策，懂得我们对敌人的政策。刑法需要制定，民法也需要制定，没有法律不行，现在是无法无天。不仅要制定法律，还要编案例，包公、海瑞也是注重亲自问案，进行调查研究的。有关人员汇报说，现在想把杀人和判刑的批准权控制得更严一些，凡判无期徒刑以上的要由中央审批。毛泽东同志说：可以，控制严一点好。

1963年11月15日，毛泽东同志在会见阿尔巴尼亚总检察长切拉等外宾时说：对付反革命分子，对付贪污浪费分子，单用行政的办法和法律的办法是不行的，要依靠群众的力量。检察院、法院和公安部门，同党的工作、同群众的工作配合

学术圆桌

起来，这样比较好一些。比如讲，铺张浪费、贪污分子，一般说靠行政的办法是整不好的，他们就是怕群众，叫作上下夹攻，他们就无路可走了。要隔几年就整顿一次。对待这些人，我们主要不靠捉人杀人，主要靠批评教育，就是用教育的方法改造人。我们相信依靠群众是可以把他们教育改造好的。至于少数分子，那是要抓起来的，但也是采取教育的方法进行改造。我们第一要相信人是可以改造过来的，在一定的条件下，在无产阶级专政的条件下，一般说是可以把人改造过来的，只有个别的人改造不过来。对个别屡教不改的人，那我们只好把他长期养下去，把他关在监狱的工厂里工作，或者把他们的家属也搬来，有些刑满了不愿意回去的，就把家属也接来，安置就业。

1964 年 1 月 1 日，毛泽东同志阅 1963 年 12 月 30 日报送的中共公安部党组 1963 年第三次综合报告。报告说：自五月杭州会议提出要把地、富、反、坏分子中间的绝大多数人改造成为新人的任务以后，半年多的实践证明，基本上实行"一个不杀，大部（百分之九十五以上）不捉"，依靠群众力量把绝大多数的四类分子改造成为新人的方针，是完全正确的、必须的和可能的。城市中如何执行上述方针，我们正在摸索。毛泽东同志批示："报告已看过，很好。"同年 4 月 28

日，毛泽东同志在杭州同江华、霍士廉等人谈话时指出：究竟是人的改造为主，还是劳改生产为主，是重人还是重物，还是两者并重？有些同志就是只重物，不重人。其实，人的工作做好了，物也就有了。做人的工作，就是不能压服，要说服。这年8月12日，毛泽东同志在北戴河一号楼听取公安工作汇报。当汇报到劳动改造问题时，他说：就是应该把人当人，反革命分子也是人嘛。我们的目的是把他们改造好，改造应当作为第一位。做好人的工作，使他们觉得有个奔头，能够愿意改造，生产当然也会好的。

1965年9月28日，毛泽东同志在会见阿尔巴尼亚内务部代表团谈到劳改工作时说：我们还有缺点，主要是我们干部的政策水平不高。劳改农场总的方向是改造他们，思想工作第一，工业农业的收获多少、是否赚钱是第二位的。过去许多地方把它反过来了，把思想工作放在第二位，甚至很薄弱。2022年7月28日，国家司法部官网发表文章称：毛泽东同志改造罪犯思想，是在马克思列宁主义和中国传统文化的基础上，与中国革命和建设的实践结合而形成与发展的。它提出了"人是可以改造的"总指导原则，确立了无产阶级改造人类社会的历史使命，并明确了"思想改造第一，劳动改造第二"的人道主义感化方法。我国监狱工作要更好地继

学术圆桌

承与发展毛泽东同志改造罪犯思想，不断丰富与完善新时代中国特色社会主义监狱管理制度。

中国特色社会主义法治建设进入新时代，无论是"人是可以改造的"的指导原则，还是"枫桥经验"的旗帜作用，都在与时俱进。特别是"枫桥经验"，在其诞生之日起就秉承"人是可以改造的"理念。因此，自毛泽东同志亲自推广"枫桥经验"后，"枫桥经验"历久弥新。

《党史博采》（2023 年第 8 期上）

"枫桥经验"的昨日往事

沈　洋

20 世纪 60 年代，浙江省诸暨县（现诸暨市）枫桥镇干部群众创造了"发动和依靠群众、坚持矛盾不上交"的"枫桥经验"，有效解决了基层各类矛盾和问题。如今，传奇故事讲了一个甲子，历久弥新。

习近平总书记在浙江工作期间数十次提及创新和发展"枫桥经验"，强调要把"枫桥经验"贯穿于"平安浙江"建设始终，坚持统筹兼顾、治本抓源，进一步强化基层基础工作，正确处理人民内部矛盾，努力减少、化解矛盾纠纷。

从"平安枫桥"到"平安浙江"，再到党的十八大提出的建设"平安中国"，"枫桥经验"焕发勃勃生机。近日，《中国审判》记者走访了浙江、上海等地法院，重点回溯"枫桥经验"自 1963 年提出至 2012 年党的十八大召开的历史变迁，充分展现人民法院推进基层治理体系和治理能力现代化取得的积极成效。

"枫桥经验"的昨日往事

远山如黛，近水含烟。金秋十月的之江大地，田间地头一派丰收景象。澄澈的枫溪江水，穿过一座安静而祥和的小镇——浙江省诸暨市枫桥镇，日夜不息地向前奔流。

"一部诸暨史，半部在枫桥。"早在隋唐时期，枫溪江上的枫溪渡口就曾建桥、设驿站，"枫桥"由此得名。几千年来，这里不仅涌现出让当地人引以为傲的"枫桥三贤"——王冕、杨维桢、陈洪绶，还开创了中国基层社会治理的一面旗帜——"枫桥经验"。

时针拨回到 60 年前。1963 年年初，中共中央决定在全国农村开展社会主义教育运动。同年 6 月，中共浙江省委派出工作队到当时的诸暨县枫桥区，在 7 个公社开展社会主义教育运动试点。

参与试点的干部依靠群众，说理攻心，就地教育改造"四类分子"（地主分子、富农分子、反革命分子、坏分子），创造了"发动和依靠群众，坚持矛盾不上交，就地解决，实现捕人少、治安好"的"枫桥经验"。

得知枫桥区的做法后，毛泽东同志专门作出批示，向全国推广"枫桥经验"。自此，"枫桥经验"这面旗帜从小镇走向全国，在神州大地上高高飘扬。

学术圆桌

跨越一甲子的朴素经验，不断催生着乡村巨变，也是基层治理智慧在乡村的积极探索和实践。近日，记者走进浙江这片孕育发展了"枫桥经验"的热土，采访了多位"枫桥经验"的亲历者、传承者和发扬者，追寻"枫桥经验"一路走来的光辉足迹。

诞　生

在中国的版图上，枫桥只是一个普通的江南小镇。但是，作为"枫桥经验"的发源地，枫桥，一直没有离开过人们的视线。不久前的一个上午，笔者来到枫桥经验陈列馆，走进"枫桥经验"孕育发展的漫漫历史长河。

1963 年 11 月，时任浙江省公安厅调研科副科长董光突然接到公安部交办的一个任务，要他带领几名同志尽快草拟一份调查报告，主要内容是对"枫桥经验"的总结。

而今，"枫桥经验"陈列馆里有一处名为"灶头起草'枫桥经验'"的蜡像展，人物形象逼真、栩栩如生，描绘的正是董光等人起草调查报告时的紧张工作场景。

"那时候，我们的工作时间紧、任务重、条件差，不过大家都像打了鸡血一样争分夺秒地往前赶，灶头上、凳子上都是起草报告的'战场'……"回忆起当年那个场景，董光的眉宇间透着激动的神采。

"枫桥经验"的起源像画卷，在董光的讲述中一幅幅重现："试点选在枫桥倒不一定有什么特别的意义，历史往往是一种巧合。当时枫桥的农业生产、政治状况、工作基础等都比较好。"

1963 年 11 月上旬，董光等人开始研究起草"枫桥经验"调查报告的成果。成稿后，董光带着报告初稿到了北京，送交公安部审查。

"那是我第一次乘坐飞机，来回太匆忙了，都没来得及激动。从浙江杭州飞到北京，中间还得停在山东济南加油。飞机只能在六七百米的高度飞行，速度很慢。拿到公安部的修改意见后，我们马上飞回。回来后又修改了一稿。"董光说。

据此，公安部形成了一篇题为《依靠广大群众，加强人民民主专政，把绝大多数"四类分子"改造成新人》的材料，送交毛泽东同志审阅。

几天后的 11 月 20 日，毛泽东同志批示："要各地仿效，经过试点，推广去做。"至此，"枫桥经验"成为全国政法战线的一面旗帜。

"这就是'枫桥经验'的诞生过程了。后面的事，我没

学术圆桌

有再参与了。'回首枫桥事，悠悠已半纪。岁序迭更迁，精神一以贯。'这是纪念枫桥经验 50 周年时，我写的诗。60 年过去了，真是弹指一挥间。"聊起过去的工作情况，董光颇有感慨。

从此，"枫桥经验"这面旗帜，从小镇走向了全国。

1963 年 11 月 28 日，时任最高人民法院院长谢觉哉在二届全国人大四次会议上作的题为《进一步依靠群众，做好司法工作》的报告中，分享了社会主义教育运动依靠群众制服、改造反动分子对司法工作的重要启示："司法干部应当走出机关，走出法庭，到基层、到群众中去，组织和依靠群众对犯罪分子进行说理斗争，使他们心服口服，低头认罪。群众认为他们能够改造的，就交给群众去改造。群众实在改造不了的，就依法捕办。"

在此次报告中，谢觉哉指出："除了现行破坏的案件以外，一般的案件，应当尽可能地采取社会主义教育运动和'五反'运动的方法，依靠群众监督，进行教育改造，而不采取逮捕判刑的方法来处理。"

实际上，早在 1956 年，最高人民法院就已提出"调查研究、就地解决、调解为主"的民事审判工作方针，其后发展为"依靠群众、调查研究、就地解决、调解为主"的十六字方针。从此以后，人民法院便参与到了坚持和发展"枫桥经验"的重要历史进程之中。

演 进

1964 年 1 月，中共中央下发《关于依靠群众力量，加强人民民主专政，把绝大多数"四类分子"改造成为新人的指示》。

"酒香不怕巷子深"，"枫桥经验"率先在当地发挥了重要作用，形成了示范引领。20 世纪 60 年代中期和 70 年代初期，枫桥创造了依靠群众改造流窜犯、帮教失足青少年的成功经验。

1965 年，诸暨县人民法院枫桥人民法庭在办理周阿三和唐月仙的离婚纠纷中，就是借鉴了流窜犯管教经验和一般违法人员的帮教经验，教育帮助周阿三重归正道，最终使夫妻二人破镜重圆。

据了解，时任枫桥法庭副庭长马绍福在得知这起纠纷后，便深入大溪大队，全面了解该离婚纠纷的真实状况，对周阿三进行了阶级教育和政策教育，明确宣布只要其不再偷窃、讨饭，积极劳动、决心悔改，就对其偷窃事实不予昭告，也不对其作刑事处分。最终，周阿三重归正道，并成了村里的

学术圆桌

生产骨干，妻子唐月仙也和他重归于好。

当地群众对枫桥法庭处理这起案件的过程纷纷感叹："讨饭阿三能改好，破开毛竹能合拢，真是梦里也想不到的，这完全是靠毛主席和共产党的领导好，靠干部和群众的教育帮助热心。"

在枫桥镇钟瑛村的一处民居内，笔者还见到了"枫桥经验"历史上教育教化违法青少年的典型——"破缸而逃"的主人公骆尧松。

骆尧松上小学时因偷窃屡教不改被开除学籍，其父怕他再惹祸，就用一个大水缸扣住了他，但没想到他竟然将水缸敲破逃走，开始四处偷盗。

自1965年起，钟瑛村发动群众对骆尧松进行教育改造，使他成为生产积极分子，过上了幸福安宁的正常生活，并因此成了"枫桥经验"的应用典型。

"大家不仅从生活上帮助我，还从思想上教育感化我，使我真正认识到了自己的错误，从此改过自新。"谈及此处，骆尧松已被岁月刻满皱纹的脸上绽放出一抹羞赧的笑容。

骆尧松口中提到的"大家"，就包括时任枫桥区委副书记许根贤。许根贤是当年用"枫桥经验"改造骆尧松的倡导者和践行者之一。如今，他已是一位白发苍苍的耄

学术圆桌

鲞老人，对"枫桥经验"发挥的历史作用有着自己独特的认识。

"十年动乱"结束后，枫桥在全国率先给"四类分子"摘帽，为全国范围的拨乱反正提供了范例。"如何对待'四类分子'和'大法不犯、小法常犯'的流窜犯，如何做好社会面上的治安管理工作，'枫桥经验'帮助解决了当时大量出现的此类社会难题。"许根贤说。

20 世纪 70 年代末，诸暨法院通过办理疑难复杂的"四类分子"摘帽案件，支持枫桥群众在全国范围率先为改造好的"四类分子"摘帽，极大地推动了当时的思想解放运动，为实现工作重心的转移奠定了良好的思想基础和社会基础。

传　承

时间如白驹过隙，改革开放的春风随后吹遍祖国大地。伴随着相关进程，坚持"枫桥经验"的基本精神，注重专群结合、群防群治，发动群众预防和化解矛盾，维护社会治安稳定，实现"小事不出村、大事不出镇、矛盾不上交"，成为社会综合治理的先进经验。

党的十一届三中全会后，为了更好地参与物质文明与精神文明建设，诸暨法院坚持"枫桥经验"以人为本的重要内涵，把司法作风建设作为提升干警素质关键，创造了许多时至今日在干警队伍建设方面仍有借鉴意义的经验做法。

1982 年，诸暨法院要求信访工作人员做到让来访者感到人民法院"门好进，人好见，脸好看，坚持原则事好办，人民法院为人民"，即使信访要求解决的问题不属于人民法院管辖或者一时无法解决，也不要一推了事，而是讲清道理，转送有关单位，或者教育当事人要体谅国家困难，顾全大局，使当事人不至于"满怀希望来，垂头丧气去"。

随着司法作风的不断转变，人民群众对于诸暨法院的信任和尊重得到了持续的加强。

1982 年，我国第一部民事诉讼法颁布试行，将延续了二十多年的"调解为主"方针修改为"着重调解"。人民法院内部对于是否需要继续指导基层调解工作产生了较大议论。

在这一背景下，诸暨法院始终秉持"枫桥经验"将"矛盾化解在基层"的核心观点，始终坚持加强对基层调解组织的指导工作，形成了"人人关心调解组织和调解工作，个个参加对基层调解组织的业务指导"的生动局面。

学术圆桌

时任诸暨法院院长夏守成在发言时指出："调解工作松一松，民事案件就上升，纠纷没人管，矛盾就会转，小事能拖大，大事能拖炸。"这形象生动地阐述了调解对于法院审判工作的重要性。

1982 年至 1983 年，枫桥区各级调解组织在枫桥法庭的指导下，共调解各类民间纠纷 3277 件，相当于同期枫桥法庭受理的民事案件数的 25 倍。

1984 年，枫桥法庭建立了调解干部岗位责任制，明确将"小纠纷不出村，大纠纷不出片，难纠纷不出镇"作为抓好基层调解工作的目标。

1985 年，时任诸暨法院牌头法庭庭长陈祚纪获得"全国法院先进工作者"荣誉称号，是当时浙江唯一一名获此殊荣的人民法庭庭长。

"我在牌头法庭工作了 8 年。起初案件数量比较多，我就和司法特派员商量，能不能以公社为试点单位，排查纠纷矛盾。后来，我组织了 4 个人在牌头公社试点，一个月就解决了 72 起纠纷，这样就把老百姓的矛盾纠纷解决了。用现在的话来说就是诉源治理，案件数量自然也就下降了。"陈祚纪对记者表示。

"做信访工作的同志要懂得政策法律，要会做思想工作，

学术圆桌

要为老百姓考虑。老百姓信访举报不是坏事，恰恰反映了一个单位的问题症结所在。所以，要不断总结相关工作经验和教训，不断完善制度。"陈祚纪认为，一定要推广"枫桥经验"，坚持发动群众、依靠群众、群防群治。

随着经济体制改革的深入推进，社会发展活力持续迸发。为了更好地适应形势、促进经济发展，1982年，诸暨法院向县委请示新建"经济审判庭"，同年6月1日正式启用并试办经济纠纷，当年共受理各类经济合同纠纷16件，办结12件，并全部以调解方式结案。

两年后，诸暨新发展的个体工商户达到5325户，超过了1979年至1983年的总和。在巨大的压力面前，1985年，诸暨法院打破界限、面向全局，采取刑庭、民庭、经济庭"三个车轮一起转"的办法，协同经济庭办理经济纠纷，既培养了审判人员办理各类案件的能力，也为开创经济审判工作新局面奠定了坚实的基础。

数据显示，1985年至1990年，枫桥法庭通过调解方式共化解各类经济纠纷案件642起，调解成功率达97.1%。

20世纪90年代，国内的人民调解工作逐渐恢复。凭借"枫桥经验"的先发优势，1996年，诸暨成立了"人民调解协调中心"，形成了市、镇（乡）、片、村四级调解网络，

学术圆桌

除了依托乡贤、宗族、干部的传统调解外，行业调解也开始出现。

1998 年 11 月，浙江省委批转了浙江省公安厅党委、绍兴市委《关于推广枫桥新经验，更好地维护农村稳定的报告》，在全省推广枫桥的经验做法。

发　展

进入新世纪，特别是党的十六大以来，浙江在全省范围内坚持和发展"枫桥经验"，使其逐步形成了深化平安建设、维护和谐稳定、推动科学发展的成功经验。

2003 年 11 月，时任浙江省委书记习近平同志在纪念毛泽东同志批示"枫桥经验" 40 周年暨创新"枫桥经验"大会上强调，要坚持发展"枫桥经验"，由此开启了新时代"枫桥经验"继承、发展的新征程。

"此后，创新发展'枫桥经验'贯穿于平安浙江、法治浙江建设始终，成为创新基层社会治理、防范化解社会各类矛盾风险的宝贵经验。"诸暨市委原副书记、政法委原书记潘超英说。

家住浙江省桐庐县桐君街道南门社区的陈大爷，年轻时是矿工，由于恶劣的工作环境得了尘肺病。因为补助标准问题，他想去上级政府部门反映。

曾任桐庐某煤矿书记的张生良成为退休矿工们第一个想要倾诉的对象。得知昔日工友的愿望后，张生良劝陈大爷先不要找上级部门反映，由他来找有关部门进行协调，尽可能地帮助解决。

2009年，南门社区一群退休的老党员、老干部，自发组织了一支志愿者团队，为居民排忧解难。由于他们的办公地点就在社区一楼，因此被社区居民亲切地称为"楼下书记"。

据悉，2009年到2013年，"楼下书记"的6名骨干志愿者累计在"楼下"义务值守超过3万小时，收集社情民意700余条，接待来访社区居民1.6万余人，成功调解居民纠纷300余起，探望慰问困难群众近1000户，帮助居民挽回经济损失14万余元。如今，这种做法已经推广到了当地的很多社区。

笔者注意到，多年来，"楼下书记"记录各项工作内容的册子已经放满整整一个柜子。每当社区居民来访，"楼下书记"都会一一记录，能及时解决的事情绝不拖沓，暂时无力解决的事情则整理上报，切实帮助社区居民解决实际问题。

学术圆桌

"调解既需要专业，也需要奉献精神。"桐庐县司法局局长潘武伟对笔者表示，"楼下书记"这个名字很"土"，但影响很大，大家对他的认同度很高。他不是组织上的书记，实际上是群众对他们党员身份的认可。

在民事纠纷中，引入协助调解员的力量，使得乡土社会里日常生活所固有的逻辑，在解决农村法律纠纷时，常常能够起到意想不到的作用。温岭地处浙江东南沿海，经济发达、人口密集。温岭市人民法院在全国首创的"协助调解员"经验，被收入最高人民法院编制的《新时期人民法庭工作手册》，成为全国基层法院的示范性做法。

协助调解员，最早出现在温岭市人民法院箬横人民法庭。2004年，该法庭从辖区539名人民调解员中聘请了25名协助调解员，当年年底盘点时，该法庭案件调解率在温岭全部6个人民法庭里排名第一。以前一起案件平均要审理29.4天，融入协助调解员的力量后，一起案件的平均审理时间缩短到19.1天。

2005年，温岭市人民法院新河人民法庭也开始施行该做法。这是一个典型的乡村法庭，村干部也基本在家务农或者就近经商。除了法庭推荐的以各村干部为主的一批固定的协助调解员之外，当事人也可以选择自己信任的其他人主持调解。

"他们既会讲乡土话,又要学讲法律话。"在时任温岭法院副院长林晨看来,协助调解员与一般的民间调解角色的不同之处,在于他们必须坚持更多的"法律精神"。

作为温岭市人民调解委员会主任,李家顺积极担起"领头雁"责任,通过完善的制度不断强化"协助调解员"品牌建设。"虽然是人民调解,但必须做到程序规范,调解结果经得起法律的检验,要对得起群众对我们的信任。"李家顺说。

创 新

一枝独秀不是春,百花齐放春满园。

纵观"枫桥经验"的整个发展历程,就是一个由点及面,不断辐射、扩大覆盖的过程。

在浙江省杭州市中级人民法院,笔者见到了该院立案一庭庭长陈辽敏。

2007年,陈辽敏调入杭州市西湖区人民法院的第二年,院里派她到刚刚成立的立案调解组工作。那是法院收案陡然上升的一年。彼时,互联网经济进入快速发展新阶段,不同社会主体之间的权益冲突明显增加。

学术圆桌

刚开始，陈辽敏的内心有点纠结："调解工作实在是琐琐碎碎、婆婆妈妈的，太没挑战性了！"但骨子里的那份倔强让她选择坚持："工作到了自己手上，要干就要干好，要做就要做得更好。"

自那以后，陈辽敏把时间安排得满满当当。每天都会有七八个案件进行调解，多的时候有十多件，她穿梭在5个调解室之间，有时候上一件案子还没调解完，下一个案件的当事人已经在门口等候了。

2005年到2010年，时任西湖法院立案庭庭长陈辽敏共办结民商事案件4735件，结案率达95.4%，调解撤诉率为84.4%，息诉服判率达到100%，案件平均审理时间为21天，所办之案无一超审限、无一当事人缠诉上访，实现了法律效果、政治效果和社会效果的有机统一。

杭州被称为"互联网之都"，网络纠纷比较多，2008年，西湖法院开始探索"互联网+调解"模式，受到了当事人的广泛好评，激发了大家的创新动力。此后，该院不断推动电子商务网上法庭、电子督促程序、浙江ODR平台及"一码解纠纷"等创新工作。

2011年9月，西湖法院成立了"陈辽敏法官网上调解工作室"，集网上立案、案件查询、网上预约开庭或调解、网

学术圆桌

上咨询、网络在线调解等职能为一体，还配备网络调解室和网络法庭，实现了"诉"与"调"网上网下无缝对接。

从一地精致"盆景"发展为各地精彩"风景"，"枫桥经验"穿越时空，焕发出了新的光彩。

（《中国审判》2023 年第 20/21 期）

坚持和发展新时代"枫桥经验" 推动信访工作高质量发展

李文章

"枫桥经验"历经六十年，因时而变、与时俱进，在理论与实践上都展现出了永不褪色的时代价值。特别是党的十八大以来，经过全面创新发展的新时代"枫桥经验"，已成为我们党治国理政的重要经验，对提升国家治理体系和治理能力现代化水平具有重大而深远的理论意义和实践意义。

党的二十大报告指出，在社会基层坚持和发展新时代"枫桥经验"，完善正确处理新形势下人民内部矛盾机制，加强和改进人民信访工作。形成于社会主义建设时期、发展于改革开放和社会主义现代化建设新时期、全面创新发展于中国特色社会主义新时代的"枫桥经验"，其科学内涵是：坚持和贯彻党的群众路线，在党的领导下，充分发动群众、组织群众、依靠群众解决自己的事情，做到"小事不出村、大事不出镇、矛盾不上交"。这一历经60年不断探索、20年创新完善的宝贵经验，为加强和改进人民信访工作提供了中国智慧、东方经验,成为新时代信访工作实现高质量发展的强大支撑和动力源泉。

深刻理解"枫桥经验"历久弥新的时代价值

今年是毛泽东同志批示学习推广"枫桥经验"60周年暨习近平总书记指示坚持发展"枫桥经验"20周年。"枫桥经验"历经六十年,因时而变、与时俱进,在理论与实践上都展现出了永不褪色的时代价值。特别是党的十八大以来,经过全面创新发展的新时代"枫桥经验",已成为我们党治国理政的重要经验,对提升国家治理体系和治理能力现代化水平具有重大而深远的理论意义和实践意义。

(一)"枫桥经验"是加强党对基层工作领导的有力抓手。习近平总书记强调,治国安邦重在基层,党的工作最坚实的力量支撑在基层。加强党对基层工作的领导,是充分发挥党总揽全局、协调各方领导核心作用的内在要求。发端于基层的"枫桥经验",无论是在其诞生之初,还是在其创新发展之中,都始终离不开党的领导这一根本保证。六十年来,在党对基层工作的坚强领导下,"枫桥经验"不断焕发新的生机活力,在增强基层党组织政治功能、提升基层党组织统领能力等方面积累了宝贵经验,在服务保障中国式现代化伟大

学术圆桌

进程中彰显出强大生命力，不仅充分体现了党的领导这一最大政治优势，也深刻诠释了加强党的领导这一不变灵魂。"枫桥经验"在新时代实现全面创新发展，最根本的一点仍然在于始终坚持和加强党对基层工作的领导，始终将基层党组织建设有效贯穿到基层工作的全过程、把基层党组织的服务管理有效延伸到基层工作的方方面面。新征程上，坚持和发展新时代"枫桥经验"，必须坚持把党的领导落实到基层，把党的领导政治优势有效转化为基层治理效能。

（二）"枫桥经验"是贯彻党的群众路线的有效途径。习近平总书记指出，群众路线是我们党的生命线和根本工作路线，是我们党永葆青春活力和战斗力的重要传家宝。贯彻党的群众路线，坚持一切为了群众，一切依靠群众，从群众中来，到群众中去，把党的正确主张变为群众的自觉行动，是筑牢党长期执政根基的必然要求。历经六十年的"枫桥经验"，是有效贯彻落实党的群众路线的宝贵实践经验。在"枫桥经验"形成之初，毛泽东同志指出，最重要的一条，是如何做群众工作，教育群众，组织群众。在"枫桥经验"创新发展中，习近平总书记强调，要把"枫桥经验"坚持好、发展好，把党的群众路线坚持好、贯彻好。围绕做好群众工作这条主线，"枫桥经验"在长期探索中不断丰富发展，在充

▍学术圆桌 ●

分发动群众、组织群众、依靠群众解决群众自己的事情中展现出了巨大的实践价值，为经济社会发展提供了强大助力。新征程上，坚持和发展新时代"枫桥经验"，必须始终坚持走群众路线，准确把握新形势下群众工作的特点和规律，改进群众工作方法，提高群众工作水平，实现好、维护好、发展好最广大人民群众的根本利益。

（三）"枫桥经验"是正确处理人民内部矛盾的基本方法。习近平总书记指出，要坚持和发展新时代"枫桥经验"，完善正确处理新形势下人民内部矛盾机制，及时把矛盾纠纷化解在基层、化解在萌芽状态。六十年来，"枫桥经验"尽管被不断赋予新的时代内涵，但始终聚焦"矛盾不上交，就地解决"这一目标导向，始终坚持"依靠群众就地化解矛盾"这一根本途径，在不同历史时期都发挥了维护社会和谐稳定的重要作用。特别是党的十八大以来，在习近平新时代中国特色社会主义思想指引下，实现全面创新发展的新时代"枫桥经验"，体现了完善正确处理新形势下人民内部矛盾的时代要求，在运用法治思维和法治方式解决矛盾纠纷上彰显了鲜明时代特征，为畅通和规范群众诉求表达、利益协调、权益保障通道贡献了有效举措，为从源头上预防化解矛盾纠纷提供了有益启示。新征程上，坚持和发展新时代"枫桥经验"，必须深刻认识完善正确处理新形势下人民内部矛盾机制的重大意义，坚守以人民为中心这一根本立场，不断提高从源头上预防化解人民内部矛盾的能力和水平。

（四）"枫桥经验"是完善基层社会治理的重要载体。习近平总书记强调，要加强和创新基层社会治理，使每个社会细胞都健康活跃，将矛盾纠纷化解在基层，将和谐稳定创建在基层。加强和创新基层社会治理，不仅是推进中国式社会治理现代化的重要内容，也是建设更高水平平安中国的迫切需要。"枫桥经验"是党领导人民推进中国式基层社会治理现代化的重要探索。在长期实践中，"枫桥经验"始终离不开基层基础这一本源，始终强调要依靠基层组织和广大群众及时就地化解矛盾，在完善群众参与基层社会治理的制度化渠道，健全党组织领导的自治、法治、德治相结合的基层治理体系等方面进行了卓有成效的探索，为打造共建共治共享的基层社会治理格局提供了宝贵的经验启示。新时代"枫桥经验"不但没有丢掉基层基础这一本源，反而更加重视基层基础工作，更加强调激发群众参与基层社会治理的内生动力，更加强调将矛盾纠纷及时就地化解在基层。新征程上，坚持和发展新时代"枫桥经验"，必须坚持夯实基层基础，推动社会治理重心向基层下移，以"基层善治"夯实"中国之治"。

新时代"枫桥经验"的实践价值和启示意义

"枫桥经验"从浙江诸暨发源、从基层一线发端、从之江两岸向全国发展，已从单纯防范化解矛盾纠纷、维护治安稳定，拓展成为了解群众诉求、服务群众生活、及早解决问题、消弭风险隐患的重要法宝。近年来，全国信访系统坚持以习近平新时代中国特色社会主义思想为指导，全面贯彻习近平总书记关于加强和改进人民信访工作的重要思想，推动新时代"枫桥经验"在信访工作实践中不断结出丰硕成果。

（一）党对信访工作的全面领导得到加强。习近平总书记指出，"枫桥经验"最根本的一点，就是充分发挥党的政治优势，依靠基层组织和广大群众，就地解决矛盾纠纷。这启示我们，坚持和发展新时代"枫桥经验"，必须坚持党的领导，发挥党总揽全局、协调各方的领导核心作用，使党的领导政治优势充分转化为化解矛盾、解决问题的强大效能。

在工作实践中，我们越来越清晰地认识到，我们党领导建立的人民信访制度，坚持党对信访工作的全面领导，这是信访工作的最高原则、最大优势，也是信访工作政治性的鲜明体现。党的十八大以来，信访工作联席会议作为加强党对

学术圆桌

信访工作领导的重要抓手，充分发挥统筹协调、整体推进、督促落实作用。目前，全国省、市级信访工作联席会议机制覆盖率达 100%，县级达 90%，27 个省（自治区、直辖市）乡镇（街道）信访工作联席会议机制实现全覆盖。地方各级党委切实履行信访工作领导责任，党委常委会定期听取信访工作汇报，研究解决重大事项和突出问题。党政主要领导亲力亲为做信访工作，定期阅看群众来信、带头接访下访、主动包案化解，示范带动各地进一步健全完善信访工作责任体系，多措并举落实主体责任，"党委统一领导、政府组织落实、信访工作联席会议协调、信访部门推动、各方齐抓共管"的新时代信访工作格局基本形成。今年 3 月，党中央决定组建中央社会工作部，负责统筹指导人民信访工作。经过持续努力，党对信访工作的全面领导得到加强，党总揽全局、协调各方做好信访工作的政治优势得到进一步发挥。

（二）以人民为中心思想有效落实。新时代"枫桥经验"落实了习近平总书记以人民为中心的发展思想。这启示我们，坚持和发展新时代"枫桥经验"，必须坚持一切为了人民、一切依靠人民，全心全意为人民服务，解决好人民群众急难愁盼问题，让乡里乡亲根据实际，用各种方法化解矛盾问题。

在工作实践中，我们越来越清晰地认识到，信访工作是党和政府了解民情、集中民智、维护民利、凝聚民心的一项重要工作；坚持以人民为中心是信访工作的价值追求，也是信访工作人民性的鲜明体现。党的十八大以来，全国信访系统统筹信、访、网、电等各种渠道，把党员干部下访和群众上访结合起来，把技术手段创新和传统群众工作方法结合起来，弘扬习近平同志在福建宁德任地委书记时首创的"四下基层"优良作风，打通联系服务群众"最后一公里"。中共中央、国务院印发的《信访工作条例》施行以来，全国省、市、县三级领导干部加大接访下访力度，包案化解重点信访事项。信访部门把人民建议征集作为践行全过程人民民主的重要载体，上海、浙江等地在制度办法、工作机制、落实转化、宣传激励等方面形成了较为成熟的经验做法，让人民群众"金点子"转化为社会治理的"金钥匙"，结出惠民利民的"金果子"，不断增强人民群众的归属感和主人翁意识。

（三）信访工作法治化高起点推进。习近平总书记指出，必须更好发挥法治固根本、稳预期、利长远的保障作用，在法治轨道上全面建设社会主义现代化国家；引导全体人民做社会主义法治的忠实崇尚者、自觉遵守者、坚定捍卫者。这启示我们，坚持和发展新时代"枫桥经验"，必须坚持法治这一治国理政的基本方式，推动人民群众依照法定程序反映问题、依照法律法规解决问题。

在工作实践中，我们越来越清晰地认识到，坚持把信访工作纳入法治轨道，不断提高运用法治思维和法治方式深化改革、推动发展、化解矛盾、维护稳定、应对风险的能力，是做好新时代信访工作的必然要求。党的十八大以来，党中央、国务院就信访工作出台了一系列法规制度，对信访工作程序、实体及各机关单位职能、权责等作出明确规定。各地区各部门全面落实诉访分离、依法分类处理等措施，坚持依法及时就地化解信访矛盾，保障合理合法诉求依照法律规定和程序就能得到合理合法的结果。《信访工作条例》是我们党制定出台的第一部全面规范信访工作的党内法规，是信访工作法治化建设的重大成果。国家信访局带头做好《信访工作条例》配套制度文件立改废工作，调整优化信访事项受理办理、督查督办等业务程序，进一步提高信访工作质效和法治化水平。对各地区各部门完善配套政策措施作出安排部署，统筹指导推动全国信访法规制度建设。对推进信访工作法治化建设作出全面部署，研究制定信访工作法治化"路线图"和工作指南，加强对地方和有关部门的指导。经过持续努力，信访工作法治化高质量推进，信访工作流程更加规范，信访秩序平稳向好，办事依法、遇事找法、解决问题用法、化解矛盾靠法的良好局面已基本形成。

（四）解决信访问题成效明显。习近平总书记指出，要从源头上预防减少社会矛盾，提高预防化解社会矛盾水平。"矛盾不上交，就地解决"是"枫桥经验"始终不变的目标导向。这启示我们，坚持和发展新时代"枫桥经验"，必须最大限度避免和减少矛盾纠纷的发生，不上交矛盾、不推诿责任，将基层一线作为化解矛盾纠纷的主阵地。

在工作实践中，我们越来越清晰地认识到，信访问题大多是关乎群众切实利益的民生问题。解决群众合理诉求、维护群众合法权益是信访工作的根本任务，也是信访制度设计的出发点和落脚点。党的十八大以来，各地区各部门加大初次信访事项化解力度，充分发挥县级社会治理中心矛盾调处化解作用，借助县乡基层治理平台和网格员力量，全方位开展信访矛盾排查化解。按照"群众诉求合理的解决问题到位、诉求无理的思想教育到位、生活困难的帮扶救助到位、行为违法的依法处理"的要求，紧盯人民群众最关心最直接最现实的利益问题，坚持多措并举、精准施治，综合运用法律、政策、经济、行政等手段和教育、协商、疏导等办法，在及时就地妥善处理信访问题、有效防范矛盾累积上行方面取得明显成效。聚焦群众反映强烈的信访积案，部署在全国开展治理重复信访、化解信访积案专项工作，一些重点领域、重点群体突出矛盾明显缓解，有力地维护了群众合法权益和社会大局稳定。

坚持和发展新时代"枫桥经验"推动信访工作高质量发展的思考

新时代"枫桥经验"为加强和改进信访工作开辟了广阔通道，提供了强大动力。我们要进一步发挥党的政治引领作用，在法治轨道上依靠群众解决群众自己的事情，切实把信访制度优势转化为治理效能，推动国家治理体系和治理能力现代化水平不断提升。

（一）加强源头治理，把信访矛盾化解在基层和萌芽状态。坚持和发展新时代"枫桥经验"，要注重前端、狠抓预防，有效防范信访矛盾产生和激化，避免信访群众聚集和信访矛盾上行。深入开展信访问题源头治理三年攻坚行动，以全国信访工作示范县（市、区、旗）创建为抓手，推进乡镇（街道）信访工作联席会议机制全覆盖，不断提高县及县以下基层解决信访问题、化解信访矛盾的质效。坚持依法决策、依法办事，严格落实重大决策社会稳定风险评估机制，防止在决策、审批等前端环节因工作不当产生社会矛盾。扎实开展矛盾纠纷排查化解，建立完善多渠道收集社情民意、常态化排查矛盾纠纷机制，及时发现群众生产生活中的实际困难、准确掌握可能引发信访问题的矛盾纠纷，做到应排尽排、应化尽化。

（二）加强依法治理，提升信访工作法治化水平。坚持和发展新时代"枫桥经验"，要运用法治思维和法治方式预防化解矛盾纠纷，引导和支持群众理性表达诉求、依法维护权益，更好发挥法治固根本、稳预期、利长远的重要作用。组织开展信访工作法治化"路线图"和工作指南的学习培训，加强对信访群众的宣传引导。精心谋划推动信访工作法治化试点工作，认真落实"预防法治化、受理法治化、办理法治化、监督追责法治化、维护秩序法治化"的要求，探索形成依法解决问题的最优模式，实现权责明、底数清、依法办、秩序好、群众满意的目标。按照"属地管理、分级负责"、"谁主管、谁负责"的工作原则，督促相关地方和职能部门依法按程序处理职责范围内的信访事项。对有关职能部门办理程序不规范、超期办理、实体处理不到位等问题，加大督查力度。对涉法涉诉信访事项，与法院、检察院建立例会制度，通报受理办理情况，明确各方责任，形成工作合力。进一步完善复查复核制度，细化操作规程，更好地发挥复查复核依法纠错的作用。严格履行信访部门"三项建议权"，加大对

学术圆桌

不依法履职导致信访问题、不依法解决信访问题等问责追责力度。

（三）加强综合治理，多元化解信访矛盾纠纷。坚持和发展新时代"枫桥经验"，要发挥综合施策、多元共治在矛盾纠纷预防化解中的作用，充分依靠和发动群众，就地解决各类矛盾问题。进一步搞好访调对接，推动信访与人民调解、行政调解、司法调解有机联动，形成形式多元、分层递进、衔接顺畅的调处化解机制，强化调解结果运用，最大限度运用调解方式化解矛盾。积极拓宽社会力量参与信访工作的制度化渠道，引导"两代表一委员"、律师、心理咨询师、社会工作师、行业专家、志愿者以及"五老"、乡贤等力量参与信访工作和信访矛盾化解，探索相关保障激励机制，最大限度把矛盾纠纷化解在成访成讼之前。加快信访信息化平台的建设联通和深度应用，实现政法部门与信访部门信息系统的互联互通，确保每件信访事项在网上全程留痕迹、实时可跟踪，更好地规范工作、服务决策、方便群众。

（四）加强队伍建设，为信访工作高质量发展提供组织保障。坚持和发展新时代"枫桥经验"，要建强基层战斗堡垒、充实基层工作力量，不断提高基层治理能力。各地要把握好当前机构改革的重大机遇，通过改革进一步加强党对信

学术圆桌

访工作的全面领导，理顺体制机制、明确职责定位、配强领导班子，充分调动广大信访干部的积极性。各级信访部门主要负责同志要切实发挥信访系统"关键少数"作用，整体谋划、示范带动，以实际行动抓工作、带队伍、解难题、保稳定。推动更多信访工作力量和资源向基层和一线倾斜，向乡镇、村（社区）延伸。大兴"提高效率、转变作风、服务基层和群众"之风，教育引导广大信访干部把严谨务实、勤勉干事的作风贯穿到具体工作中，力戒信访工作中的形式主义、官僚主义。加强日常管理和监督，完善激励机制，着力打造一支对党忠诚可靠、恪守为民之责、善做群众工作的高素质信访工作队伍。

《中国政协》（2023 年第 23 期）